林盈盈
黄　勤　主编
秦荣飞

从眼中的世界到现实的世界

孤独症儿童视觉教学策略

广西教育出版社
南宁

图书在版编目（CIP）数据

从眼中的世界到现实的世界：孤独症儿童视觉教学策略 / 林盈盈，黄勤，秦荣飞主编. —南宁：广西教育出版社，2020.3（2021.6 重印）
ISBN 978-7-5435-8727-4

Ⅰ. ①从… Ⅱ. ①林… ②黄… ③秦… Ⅲ. ①孤独症—儿童教育—特殊教育 Ⅳ. ①G766

中国版本图书馆 CIP 数据核字(2020)第 036438 号

策　　划：苏　敏　曾令宪　　责任编辑：钱艺琴
责任校对：何　云　　封面设计：杨　阳
数字策划：曾令宪　钱艺琴　程秦豫
技术支持：廖　凯　吕远梅

出 版 人：石立民
出版发行：广西教育出版社
地　　址：广西南宁市鲤湾路 8 号　　邮政编码：530022
电　　话：0771-5865797
本社网址：http://www.gxeph.com
电子信箱：gxeph@vip.163.com
印　　刷：广西民族印刷包装集团有限公司
开　　本：787mm×1092mm　1/16
印　　张：9
字　　数：109 千字
版　　次：2020 年 3 月第 1 版
印　　次：2021 年 6 月第 2 次印刷
书　　号：ISBN 978-7-5435-8727-4
定　　价：39.00 元

序　言

孤独症谱系障碍又称自闭症，是一种神经系统广泛性发育障碍性疾病，主要特征表现为社会交往障碍、兴趣狭隘和重复刻板行为。美国疾病控制与预防中心（Centers for Disease Control and Prevention，简称 CDC）2010 年的数据显示，美国孤独症的发病率达 1/68，且呈逐年上升趋势。我国尚未开展孤独症发病率的全国性流行病学调查，2006 年第二次全国残疾人抽样调查显示，孤独症已成为我国儿童精神残疾的最大病种。孤独症的发病原因目前尚未完全明确，大部分的文献资料显示该病主要是带有遗传易感性的个体在特定环境因素作用下发生的多基因遗传、复杂性疾病。

孤独症的发病率高，且目前在世界范围内尚未找到有效的药物能够治愈。孤独症儿童因存在综合技能缺乏、社会交往障碍、感知觉障碍、语言交流障碍等问题，进入普通幼儿园、小学存在困难，引起了广泛的社会关注。目前公认有效的康复方法是通过科学的康复技术对孤独症儿童开展早期、高强度的综合康复训练，辅以贴近孤独症儿童日常生活的家庭康复活动，并为其创建得以表现生活技能的环境来改善社会适应状况，提高社会生活质量。

目前，在欧美发达国家的医学领域、心理学领域、教育学领域的学者们对孤独症的发病原因及干预策略展开了实践性的探索。世界各地也不断成立针对孤独症研究的实验室及干预中心，对孤独症群体的康复做出很多贡献，总结探索出很多孤独症干预的方法。比较著名的方法有应用行为分析法及其分支（ABA/PRT/CABAS）、结构化教学法（TEACCH）、图卡兑换与沟通系统

（PECS）、地板时光（FLOOR TIME）、正向行为支持策略（PBS）等。

十几年来，我们在从事孤独症儿童康复的过程中，一直以PEO（人、环境及活动）框架为指导，立足于孤独症儿童的日常活动需要，综合考虑儿童的能力，进行环境及活动因素的调适，从而改善孤独症儿童在活动中的表现，提高其社会适应能力。本书所介绍的视觉教学策略就是PEO中的“环境”（E）的重要体现。

多年来，我们在开展孤独症儿童机构系统康复过程中发现，充分考虑孤独症儿童的学习特点（主要表现为中心聚合能力缺陷，偏向于细节，执行功能障碍，难以理解和执行复杂任务，获取环境信息困难，难以适应环境，心智解读困难等），采用视觉教学策略，更容易引起孤独症儿童的注意力，有效提高信息的输入效率。本书所述的孤独症儿童视觉教学策略是以结构化教学法为理论依据，结合机构的康复开展情况，经过多年实践形成的一套孤独症儿童康复教学策略。

结构化教学法，源于20世纪60年代，由美国北卡罗来纳大学Dr. Eric Schopler和Dr. Bob Reichler创办的“孤独症与沟通障碍儿童的治疗教育计划”项目（Treatment and Education of Autistic and related Communication handicapped Children，简称TEACCH）提出。结构化教学法充分考虑了孤独症儿童的学习特点和学习上存在的困难，通过系统地设置学习环境，以符合孤独症儿童认知模式的方式向孤独症儿童呈现信息，使得周围的环境对孤独症儿童来说更有意义和可预测性。这有利于孤独症儿童直观、快速地从环境中获取信息，理解学习的任务和要求。简单地说，结构化教学就是以静态视觉传递的方式向孤独症儿童传递信息，通过有组织、系统地安排教学环境、材料及程序，让孤独症儿童从中学习，这不仅能够教会孤独症儿童某些技能，还能够培养孤独症儿童的独立性。

本书通过图文并茂的形式，从孤独症谱系障碍、孤独症儿童康复模式、视觉教学策略、结构化教具设计、视觉教学策略的质量把控五个方面详细介绍以结构化教学法为理论基础的孤独症儿童视觉教学策略在康复教育中的运用，期待通过简单易懂的内容，把广西壮族自治区残疾人康复研究中心孤独症儿童康复团队十几年来在视觉策略开展方面积累的宝贵实践经验与大家分享，共同进步。本书的经验亦将鼓励我们更加积极、努力地推广康复教育，让更多的孤独症儿童及其家庭、专业技术人员及相关机构或医院受益。

主编　林盈盈

2019 年 9 月

目录

第一章

孤独症谱系障碍

孤独症谱系障碍，又称自闭症，英文简称 ASD（以下简称“孤独症”），是一种神经系统广泛性发育障碍性疾病，主要特征表现为社会交往障碍、兴趣狭隘和重复刻板行为。目前，关于孤独症的致病原因尚无定论。

根据 2010 年美国疾病控制与预防中心发布的数据显示，美国儿童孤独症的患病率已从 1975 年的 1/5000 上升至 1/68。我国尚未开展全国性的流行病学调查。2006 年第二次全国残疾人抽样调查显示，孤独症已成为我国儿童精神残疾的最大病种。

第一节　孤独症儿童的主要特征

孤独症儿童的具体症状表现存在着非常明显的个体差异。虽然每一个孤独症儿童所表现出来的具体障碍特点、行为症状和障碍程度都不相同，但他们都存在着共同的特征：社交沟通障碍、兴趣狭隘、重复刻板行为。除此之外，不同的孤独症儿童还不同程度地伴随有感知觉信息处理异常、语言障碍、情绪障碍、行为问题、癫痫、胃肠道问题等特征。如图1–1–1所示。

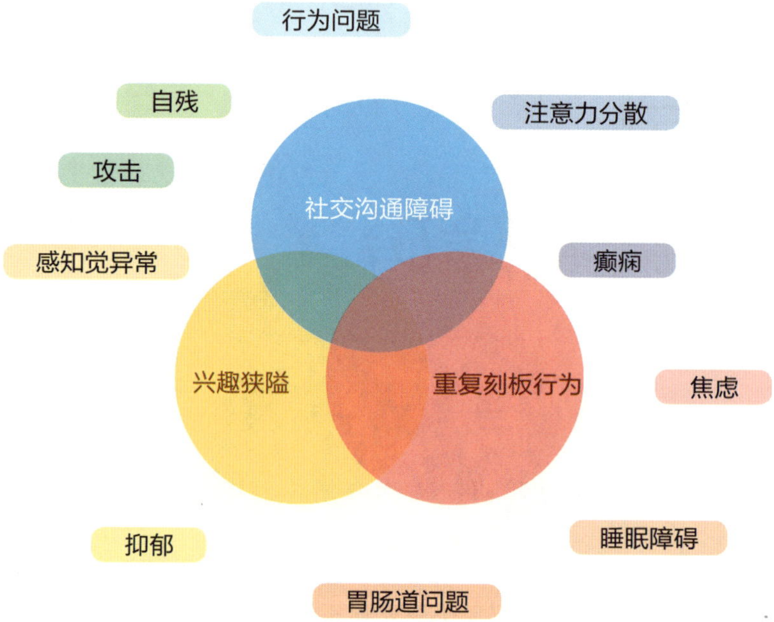

图1–1–1　孤独症儿童特征

在临床观察中发现，大部分孤独症儿童具有如下共同的行为症状：

1. 呼名无反应。普通儿童在听到他人呼唤自己名字的时候，会有适当的语言或行为方面的回应。如母亲呼唤自己孩子的名字时，孩子会看向母亲或者走向母亲。但是，当他人呼唤自己的名字时，孤独症儿童往往没有反应。当一位母亲呼唤其患有孤独症的孩子的名字时，孩子往往一如既往地沉浸于自己所进行的活动中，对母亲的呼唤无回应性行为表现。见图1–1–2。

图1–1–2　呼名无反应

2. 缺乏目光对视。普通儿童在与他人说话或者聆听他人说话时，多会看向对方的面部，结合对方的面部表情去确认沟通信息。但是，孤独症儿童在与他人沟通时，往往会将目光放在物品上，或者表现出东张西望的行为，而较少看向对方的面部，甚至有些孤独症儿童会回避与他人发生目光接触。见图1–1–3。

图1–1–3　缺乏目光对视

3. 缺乏共享注意力。共享注意力（Joint Attention，简称JA）是指两个人共同对某一物体或事件加以注意，以分享对该物品或事件的兴趣的行为。共享注意力主要体现在与人分享时的眼神接触、情感表述和身体语言中。共享注意力一般在婴儿8个月左右的时候就会表现出来。比如，8个月左右的婴儿会用手指向感兴趣的物品并发出声音，以期望母亲也关注到该物品，这时候，如果母亲能够看向婴儿指示的物品并做出回应，婴儿会因得到回应而产生愉悦情绪。但是，孤独症儿童很少主动向他人分享自己感兴趣的物品，甚至在他人主动向其分享时，表现出不回应他人的分享、不看向他人指示的物品、无法将注意力集中在他人分享的物品或事件上等行为。见图 1–1–4。

图 1–1–4　缺乏共享注意力

4. 缺乏游戏技能。对于普通孩子来说，游戏似乎是一种与生俱来的技能。他们不需要成人的教导就能够自发地对环境中的物品和玩具感兴趣，自然而然地掌握不同玩具的玩法，毫不费力就找到游戏的小伙伴，并建立属于他们小团队的游戏规则。但是，孤独症儿童很难做到这一点。孤独症儿童往往对玩具的兴趣度低，或对玩具根本不感兴趣，或只对某几种固定的玩具感兴趣。他们对玩具探索的方式也较为单一，多为嗅、咬、敲、旋转等。而这些探索的方式往往是孤独症儿童从中获取某种感官刺激的途径，他们很难在这样的探索过程中建立起对玩具的功能、特性的理解。此外，孤独症儿童较少关注同伴，较少主动参与同伴的游戏活动，更少有主动向同伴发起游戏邀请的行为。见图 1–1–5。

图1-1-5　缺乏游戏技能

5. **执行指令差**。孤独症儿童往往会表现出理解指令困难或不听从指令的行为，而这种行为并非是由孤独症儿童的主观意愿控制的。比如，妈妈叫他过来，他会毫无反应；当妈妈叫他把玩具收起来的时候，他会表现得无所适从。见图1-1-6。

图1-1-6　执行指令差

6. 重复刻板行为。孤独症儿童往往会重复某种行为，但这种行为是普通儿童较少出现并且没有明确的社会意义的行为。比如，有的孤独症儿童会将物品排列成行并且不能接受排列好的物品被打乱次序；有的孤独症儿童喜欢遵循某种固定的生活安排，如放学后先回家再陪妈妈出去买菜，偶尔有一天妈妈先带他去买菜再回家他就会无法适应，甚至会引发剧烈的情绪反应；有的孤独症儿童会重复甩手或者拍打自己身体的某个部位。孤独症儿童高频率地重复某种无社会意义的行为，会让他人觉得其行为怪异。见图 1–1–7。

图 1–1–7　重复刻板行为

第二节　孤独症儿童的学习特点

一般来说，孤独症儿童会存在以下学习特点：

一、中心聚合能力缺陷，偏向于专注细节

中心聚合能力是指人们在观察和分析事物时，倾向于将所获取的多个局部信息进行整理联系，整合成一个整体。如普通人在进入一个房间后，当他

看到桌子、椅子、投影仪、演讲台时，他的脑海中便会得出一个结论：这是一间会议室。“桌子”“椅子”“投影仪”“演讲台”就是他所获取的局部信息，“会议室”则是这些局部信息整理联系之后得出的整体。

孤独症儿童的中心聚合能力缺陷具体表现在：他们能关注到局部的信息，但是很难将所获取的局部信息进行概括、联系，从而得出一个整体的概念，他们常常将信息保持在片段或者无意义状态。有的孤独症儿童对细节信息有着特殊偏好，他们善于观察细微的变化。比如，孤独症儿童在得到一辆玩具车时，他们更关注轮子，而忽视了它作为“汽车”这一整体的功能。见图1–2–1。

图1–2–1　中心聚合能力缺陷

孤独症儿童在获取环境信息时，往往偏向于专注细节信息，而缺乏将多种细节信息进行概括整合的能力。当环境中同时呈现很多信息时，孤独症儿童往往难以把握中心信息。

二、执行功能障碍，难以理解和执行复杂任务

执行功能是指人们能对自身的思想和行动进行有意识的控制。执行功能包括计划、决策、判断和自我知觉这几个方面的能力。孤独症儿童往往在执

行功能上存在一定的障碍，具体表现为：

1. 在制订计划方面存在困难。制订计划的能力具体指人们为了实现自己的目的或者完成某个任务而构建步骤或制定方案的能力，还包括判断当下诸多事件或任务中轻重缓急的能力。孤独症儿童往往在制订计划方面表现困难，如给孤独症儿童一个“准备好明天上学要用的物品”的指令，他很难根据第二天的课程去计划需要用到什么物品，很难做出“先做什么、然后做什么”的计划。

2. 时间管理困难。人们在进行一项或多项任务、工作时，会不时估计自己还需要多少时间，并有计划地分配这些时间，以实现按时完成任务的目的。比如，普通人在考试时，会时不时看一下表，如果发现距离考试结束时间很短，就会加快答题的速度；如果发现距离考试结束时间还很长，就会放慢答题速度，认真地衡量答案的准确性。孤独症儿童往往在时间管理上存在困难，他们的表现往往会让人觉得他们缺乏时间概念。很多孤独症儿童一旦启动某项工作后，往往不会根据“有限的时间”去规划自己工作进度的快慢，而是自顾自地将工作做到他认为的“完成”程度之后才会结束。比如，某孤独症儿童在课间玩一块拼图，当上课铃声响起时，他会继续玩拼图，对上课铃声充耳不闻。由于存在时间管理能力缺陷，孤独症儿童常常表现出启动任务（开始进行某项活动）困难和理解结束（结束当前进行的活动）困难。

3. 适应困难。通常，人们在面对挫折、阻碍、错误或新信息的时候有修改计划的能力，也有适应环境变化的能力。孤独症儿童的适应困难往往表现在面对挫折或阻碍时无法及时实施新的计划，进而情绪崩溃，以致难以适应新的环境。

孤独症儿童在学习中理解和执行复杂任务时表现困难。因此，在给孤独症儿童布置复杂任务的时候，需要以一种有序的方式呈现，如果帮助孤独症儿童梳理出重点信息，将提高孤独症儿童正确理解和成功执行复杂任务的概率。

三、获取环境信息困难，难以适应新环境

人们在进入到一个新的环境时，会本能地观察这个新的环境，并从中获取信息。通过对从环境中获取的信息进行整合，人们能够快速地从新的环境中获得安全感，从而适应新环境。而孤独症儿童在进入到一个新环境时，往往会表现出过度的退缩和恐惧。这是孤独症儿童获取环境信息困难的一种表现。孤独症儿童在进入新环境时，不能厘清新环境呈现的错综复杂的信息之间的关系，缺乏提取环境中关键信息的能力，很难建立对新环境的安全感，从而表现出不适应行为。如果能够将重点信息醒目地标出，就能有效地帮助孤独症儿童尽快从环境中获取有用的信息，提高孤独症儿童适应环境的能力。

四、心智理论缺陷，难以结合语气、表情等理解他人语言表达的真正含义

心智理论（Theory of Mind）是指个体理解自己与他人的心理状态，包括情绪意图、期望、思考和信念等，并凭借此信息预测和解释他人行为的一种能力。

心智理论是一项非常重要的社交技能。它能够让人们通过他人的行为表现，较为精确地了解他人当时的想法和意图。同时，它还能够让人们理解每个人都有独立的心智，他人的想法、信念、欲望可能和自己不同。

孤独症儿童很难准确地从他人的表情中辨别出基本的情绪，难以通过表情、动作、语气来推测他人的意图，也很难理解他人的想法、信念会与自己不一致的情况。因此，孤独症儿童在与他人沟通时，往往只从自身的喜好出发，或者对他人的理解只停留在表面，难以结合语气、表情来理解他人所表达的真正含义。

五、社交沟通障碍，视觉学习优于听觉学习

社交沟通障碍是孤独症的三大核心障碍之一。这一核心障碍导致孤独症儿童表现出不看、不听，对人不感兴趣的行为。具体来说，就是当他人与孤独症儿童说话时，孤独症儿童会东张西望，不看向说话者；当他人用口语向孤独症儿童发出指令时，孤独症儿童往往无反应。孤独症儿童更容易关注到物品，而对周围的人往往视若无睹。

显然，如果我们只对孤独症儿童提供听觉信息，他们能够吸收到的信息就十分有限。但是，如果我们在给孤独症儿童提供听觉信息的同时，也呈现视觉辅助信息，就更容易引起他们的注意力，有效提高信息的输入效率。

第二章

孤独症儿童康复模式

第一节　PEO框架指导下的康复模式

一、PEO 框架

PEO 框架，是“人”“环境”“活动”(Person，Environment，Occupation) 三个词语的英文首字母组合，这是一个来自加拿大的康复理论框架，可以用来评估和设计康复活动，包括人、环境和活动三个要素。见图2–1–1。

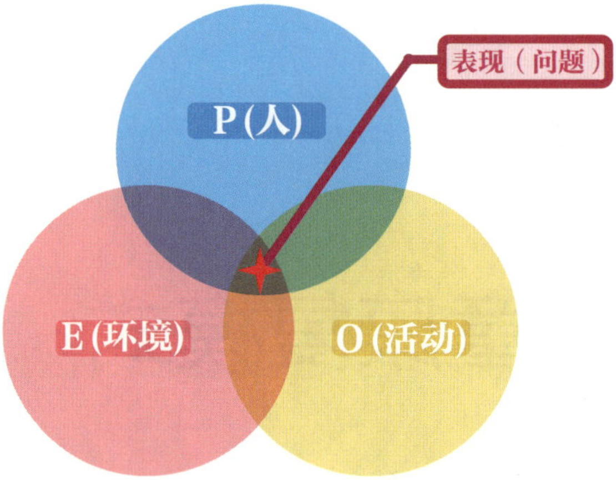

图2–1–1　PEO 框架

人（P），指的是康复的具体对象，主要内容包括：生理、认知、兴趣或爱好、心理、精神、仪态、具体行为等。

环境（E），主要内容包括：物理环境、经济环境、社会态度或社会支持、社交环境、文化、用具与技术、自然环境、政策、时间等。

活动（O），指康复对象的主要日常活动，主要内容包括：游戏或休闲、工作、学校活动、日常生活活动等。

二、运用 PEO 框架来认识孤独症

P：从孤独症儿童的基本信息（包括年龄、性别、诊断或合并症、康复

经历等），儿童发育发展里程碑的主要能力领域（包括感知觉、语言理解与语言表达、认知、粗大运动、生活自理、社交与情绪、社会适应等），以及儿童的兴趣、优劣势等方面了解孤独症儿童的能力情况。

E：结合孤独症儿童的主要日常活动，审视这些主要的活动是在哪些物理条件、人及社交环境下开展的，分析哪些环境因素对孩子活动表现有利，哪些对孩子活动表现不利。

O：立足于孤独症儿童的发展阶段，了解孩子一天的主要日常活动及程序。需要注意的是，很多康复技术人员和家长很容易混淆“活动”和“能力”，或者仅仅把康复重点放在孩子的能力上，而忽略了这个“能力”是否是孩子当下活动中最迫切需要的关键点。

案例一：

森森，男，3岁5个月，诊断为孤独症谱系障碍，合并智力障碍（中度）。来康复中心进行训练前，森森曾在其他机构训练过一年时间，目前他与家人住在离康复中心约3千米的一个居民住宅小区。森森3岁多时，能有意识地叫“爸爸”“妈妈”，能说出短语，但是主动的语言交流比较少，需要帮忙时主要是以非语言的形式表现。森森与他人的眼神交流较少，常常回避与人目光对视，喜欢自己玩耍或者发呆，只能被动与人社交。森森喜欢长时间小幅度地蹦跳，并发出“嗯嗯”的声音。PEP-3评估结果如下：森森的综合发育发展程度与同龄儿童相比，处于中度落后的水平。森森能辨别常见的物品，也能命名常见的物品，有一定的听者技能，能完成一些简单指令，如听指令拿一些常见的物品、做一些简单的动作，能配对常见的物品、颜色卡片等。森森的学习特点是，在视觉引导（如手势、图片）的提示下表现较好。在社交互动方面，森森常常处于被动的状态，能回应他人的互动要求，如在赛跑的游戏中，他能听指令跑，但是不会主动要求他人一起玩耍，不能主动发起游戏互动。在集体活动中，森森容易发呆、走神，不能专注于别人的讲话。森森对自己的每日流程比较在意，不能接受临时的改变，容易因此情绪崩溃。当日程有变化时，如果妈妈提前和他说明，在大多数情况下他能接受，但有时还是会有不开心的情绪。

根据上述收集到的信息，用PEO框架对森森的情况进行描述分析。如图2–1–2。

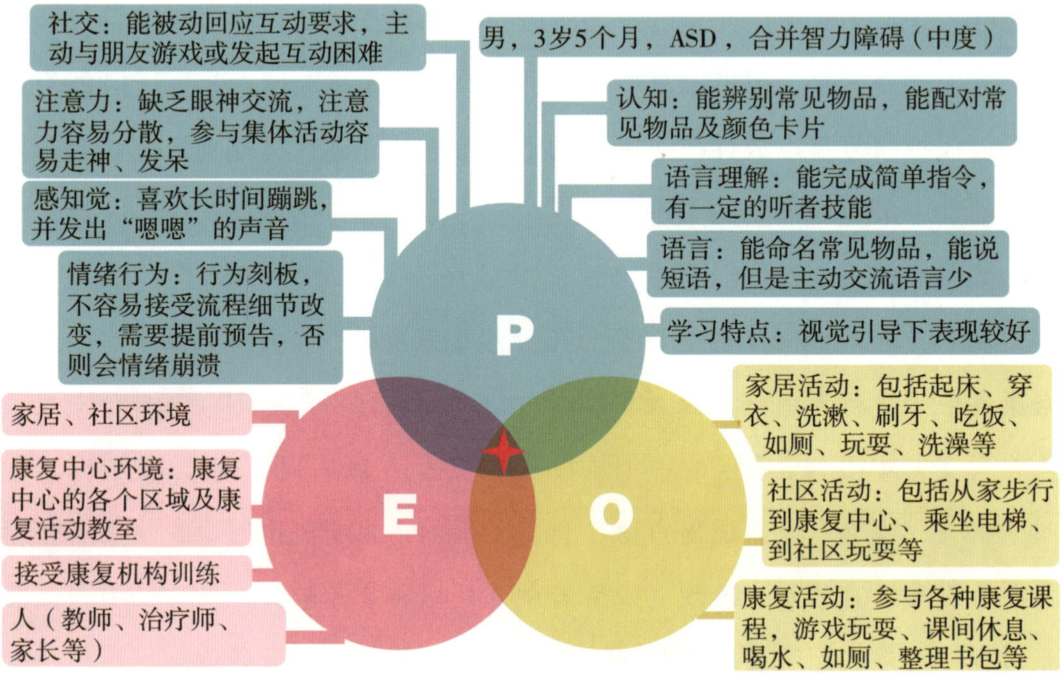

图2–1–2　森森的PEO框架分析

三、视觉教学策略在PEO康复理念中的体现

视觉教学策略是结合孤独症儿童的学习特点（P——视觉功能学习优势、外显学习优势、注重细节、组织能力弱、制订计划困难、主动性欠缺、理解“结束”困难、转换困难等），运用明了的环境设置（E——有组织、系统地安排学习环境、材料及程序），建立规则来弥补内在（直觉）学习的不足，引导其关注重要和相关的信息，让孤独症儿童从中学会学习，并改善情绪和

行为，建立良好的日程常规，体验独立优质的生活，增加日常活动参与度和提升在活动中的表现（O——上学、游戏、独立生活）。

如上述森森的个案，通过PEO框架对森森的信息进行描述，可以帮助我们用结构化的方式了解森森的P、E、O方面的信息，然后通过联结信息及分析可以了解到，森森在康复中心参与各种康复课程活动时，需要不断地转换康复地点及活动内容，而森森对流程细节刻板、不容易接受改变，需要提前预告，但他在视觉学习上的优势明显。因此，可以根据视觉教学策略中的结构化技术来设置森森的学习环境，通过系统地安排学习环境、材料及程序，以程序时间表帮助森森进行活动转换的预告，避免森森因活动转换困难而触发情绪崩溃，进而影响到其康复活动表现。

结合森森的情况，我们可以对森森进行视觉策略的教学安排，通过运用结构化技术的策略与方法，帮助其提高在康复区域活动中的表现，比如：

（1）签到区。帮助森森建立“我来上学啦”的常规，在活动（O）方面为孩子提供清晰的目标及步骤简单的要求来进行调适；在环境（E）方面为孩子提供理想的视觉策略引导及清晰的流程安排，把孩子的活动衔接到康复活动中来，减少森森因活动或场所转换而出现情绪行为问题的情况。见图2–1–3。

图2–1–3　森森的签到区

第一步：看到清晰的签到区；

第二步：把标有“森森”的名字卡片放进签到表卡槽；

第三步：从签到表卡槽拿出森森的日程表“衔接卡”。

（2）日程表。将孩子的活动通过具体的视觉环境呈现，重点在环境（E）方面为孩子提供理想的视觉策略引导及清晰的活动流程安排，设定常规及转换衔接来促进孩子的活动表现，减少森森因组织能力弱、转换困难、制订计划困难、理解“结束”概念困难等带来的情绪和不良活动表现。见图2–1–4。

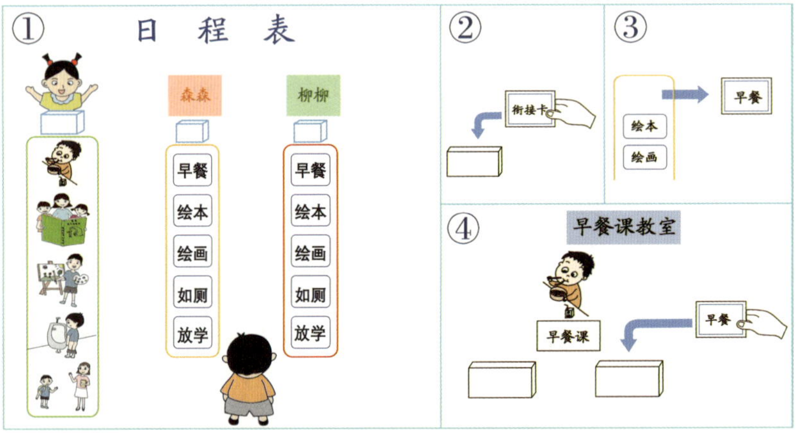

图2–1–4　森森的日程表

第一步：拿着“衔接卡”，找到森森的日程表；

第二步：把“衔接卡”放入日程表的卡槽；

第三步：从上而下拿第一张“活动课程卡”，如森森的是“早餐”；

第四步：找到早餐课教室，把早餐课“活动课程卡”放置在早餐课教室卡槽，然后进行早餐课活动；

第五步：课程结束后，老师发给孩子“衔接卡”，孩子根据衔接卡返回日程表，衔接下一个日程活动。

（3）教室区域划分。帮助孩子在康复教学活动中进行活动转换和常规的建立，以此来提高活动表现。如体能课教室清晰划分区域，提供视觉策略支持。见图2-1-5。

图2-1-5　体能课教室区域划分

（4）个人工作系统。帮助孩子规划任务活动，有序设定工作任务及流程，帮助孩子了解“我要做什么”“在哪里做”“工作任务有什么”“结束了该去哪里”等，促进孩子独立工作。见图2-1-6。

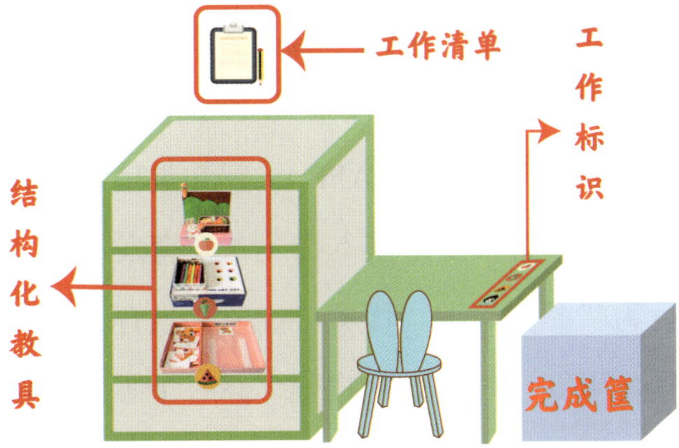

图2-1-6　森森的个人工作系统

综上所述，人、环境和活动影响着人的行为表现，通过综合考虑人、环境及活动因素，可以提高孤独症儿童在活动中的表现，提高其社会适应能力。

第二节　孤独症儿童机构康复活动流程的视觉策略设置

一、孤独症儿童视觉策略康复的基本流程

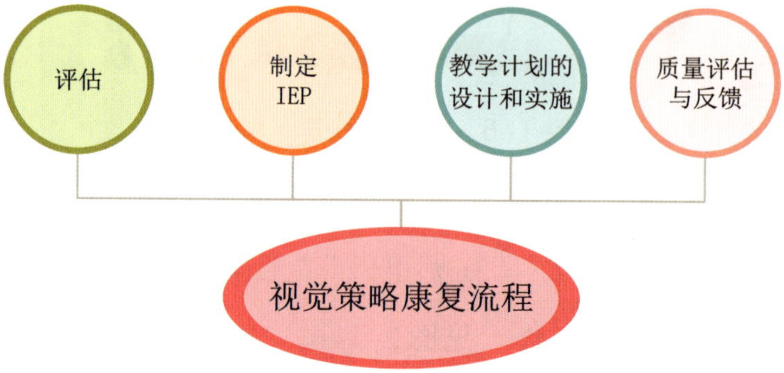

图2-2-1　视觉策略康复的基本流程

（1）评估：运用PEO框架、自闭症儿童心理教育评核（PEP-3）、语言行为发育里程碑及安置程序（VB-MAPP）、感知觉信息发展评核等工具对孩子进行综合评量，充分了解孩子的基本情况、发育发展能力水平、感知觉方面的障碍、情绪行为状况、兴趣、优劣势、家长教育方式等信息。

（2）制定个别化康复教育目标（IEP）：根据评估收集的信息及线索，制定IEP。IEP包括长期目标（6个月）、短期目标（月目标或周目标）及日目标。制定目标以PEO框架为指导，立足孩子的日常活动，联结评估结果信息中的能力发展，充分考虑孩子在当前发展阶段需要的关键性能力，同时重视环境因素的改变，制定孩子的能力发展目标，以提高孩子的活动表现为期待。

目标设置应该符合SMART原则，即目标是具体的（Specific）、可衡量的（Measurable）、可达到的（Attainable）、与活动相关的（Relevant）、有

时限性的（Time-bound）。如图2-2-2。

（3）视觉策略康复教学计划的设计与实施：根据IEP，运用结构化教学法、图卡兑换与沟通系统，结合月主题，开展视觉策略指导下的康复教育实施活动。主要表现为集体课、单训课、小组课、独立工作系统等课程形式。在课程主题内容上没有统一的设置，原则是根据孤独症儿童发展阶段的主要内容，充分考虑环境因素，以孤独症儿童的兴趣点和动机来设置活动性课程，在课程中贯彻IEP。

图2-2-2　目标设置应符合SMART原则

（4）视觉策略开展的质量评估及反馈：选择PDCA管理模式对视觉策略的开展进行设置与管理，通过视觉策略在康复区域的开展，在确认标准（Plan）、为康教人员及家长提供了必要的培训（Do）的基础上，重视评估检测（Check）环节，采取相应的措施（Act），保证实践活动开展的质量（详见附录）。

二、孤独症儿童机构一日活动流程视觉策略技巧

到康复机构进行康复训练是孤独症儿童的重要活动，以孩子上午半日的机构康复主要活动流程为例（上午或下午活动均可以此半日活动为参考），针对孤独症儿童在活动中可能存在的困难，可以设置相应的视觉策略：

表2-1　半日活动流程

O（活动流程）	P（可能存在的困难）	E（视觉策略）
1. 来到康复区域，开始上午半日活动	1. 从家庭环境到康复机构环境适应或转换困难 2. 难以理解“上学”概念及内容	签到区设置

续表

O（活动流程）	P（可能存在的困难）	E（视觉策略）
2. 参与半日活动课程	1. 对“开始”概念理解困难，难以进入活动 2. 组织能力弱，对“半日活动流程要做什么”理解困难 3. 活动课程间转换困难 4. 对活动区域的变化适应困难 5. 难以处理感觉信息，容易因此出现情绪行为问题	日程表、区域设置、个人工作
2.1 集体/小组/单训活动课程	1. 在参与活动课程中遵守规则困难 2. 活动环节转换困难 3. 理解教师的语言指令困难	活动提示卡、教室区域划分、便携沟通本
2.2 个人工作系统	1. 独立工作能力弱，对“有什么工作要做”“要做的工作在哪里”等概念理解困难 2. 对“有多少工作要做”“要做的工作有什么先后次序”概念理解困难 3. 对“怎样才可以完成工作”“工作项目的规范、内容、步骤”概念理解困难 4. 对“工作完成后要做什么”概念理解困难	区域清晰布置、活动提示带、结构化教具、衔接卡
2.3 洗手、如厕、喝水	1. 执着于细节及固定化程序的行为风格 2. 对活动步骤概念理解困难	活动步骤提示卡、完成提示卡、衔接卡
2.4 自由玩耍	狭隘兴趣及固执行为	活动提示卡、社交故事提示卡
3. 结束半日活动，离开康复区域	1. 从机构环境到社区环境适应或转换困难 2. 理解“结束”的概念困难 3. 整理能力弱	活动衔接卡、便携沟通本

上表列举的仅是儿童在机构康复中上午半日活动需要的视觉策略安排技巧，这些视觉策略技巧也适用在家庭与社区，举例是想通过举一反三，启发康教人员及家长在开展视觉策略教学引导过程中，立足儿童的活动需要，充分考虑孤独症儿童的学习特点，为其设置充分的视觉提示策略，帮助其提高活动表现。

第三章

视觉教学策略

第一节　结构化教学法介绍

本书所述的孤独症儿童视觉教学策略是以结构化教学法为理论依据，并结合机构实际情况，经过多年实践而形成的一套孤独症儿童康复教学策略。

结构化教学法，源于20世纪60年代，由美国北卡罗来纳大学 Dr. Eric Schopler 和 Dr. Bob Reichler 创办的“孤独症与沟通障碍儿童的治疗教育计划”项目（Treatment and Education of Autistic and related Communication handicapped Children，简称 TEACCH）提出。该项目的宗旨在于构建和培植基于社区的服务、培训项目及研究，从而提升孤独症谱系障碍人士及其家庭的生活品质。结构化教学法认为：孤独症儿童在与环境互动的过程中，利用视觉多于其他感官，所以利用视觉策略教导孤独症儿童是一个有效的方法。

结构化教学法充分考虑了孤独症儿童的学习特点和学习上存在的困难，通过系统地设置学习环境，以符合孤独症儿童认知模式的方式向孤独症儿童呈现信息，使得周围的环境对孤独症儿童来说更有意义和可预测性。这有利于孤独症儿童直观、快速地从环境中获取信息，理解学习的任务和要求。

简单地说，结构化教学就是以静态视觉传递的方式向孤独症儿童传递信息，通过有组织、系统地安排教学环境、材料及程序，让孤独症儿童从中学习。在结构化教学框架内，不仅能够教会孤独症儿童某些技能，还能够培养孤独症儿童的独立性。

第二节　视觉结构

视觉结构指的是在结构化教学法中所使用的强调、夸大视觉信息，以教导孤独症儿童通过扫视寻找提示，并理解其含义的教学策略，包括视觉组织、视觉提示、视觉澄清三种策略。

一、视觉组织

视觉组织指有计划、有组织地呈现物品，通过空间组织结构来有目的地将孤独症儿童的焦点引向重要信息，包括整理、限定、固定、分段这四种形式。

（一）整理

通过空间组织，有序地摆放物品。比如，我们想让儿童将一堆水果模型和积木进行分类摆放的时候，往往这样做：直接向儿童呈现物品并说“请你把它们分类放好”。见图3–2–1。

图3–2–1　未经视觉组织的物品

这种任务呈现方式，让儿童看见了一堆混放在一起的积木和水果模型，他从视觉上只能够获取“这里有什么”的信息，而不能利用视觉去理解指令“请你把它们分类放好”的听觉信息。此时，需要儿童更多地依靠听觉去获取任务信息。儿童需要聆听说话者的指令“请你把它们分类放好”并理解该指令所表达的含义，才能够接收到任务信息。这对于普通儿童来说毫无困难，但是对于有沟通障碍的孤独症儿童来说，要通过这种方式获取任务信息就显得比较困难。

对此，我们可以选择另外一种任务呈现方式：向儿童呈现经过视觉组织的物品，并说“请你把它们分类放好”。如图3-2-2。

图3-2-2　经过视觉组织的物品

这种任务呈现方式与上一种任务呈现方式相比，任务呈现者所呈现的听觉信息是完全一致的（即“请你把它们分类放好”）。但是，第二种呈现方式在给儿童呈现任务材料的时候，任务呈现者有意地将材料进行了规划：将材料进行了空间上的划分，左边还是一堆混放的水果模型和积木，但是右边增加了图片提示和案例示范。这样的调整，增加了视觉信息含量。此时，孤独症儿童可以通过看图片和案例示范来理解任务呈现者的意图：在右边区域，水果模型独占一个格子，积木单独占一个格子，这从视觉上说明了任务要求是将积木和水果模型分类。由于第二种呈现方式增加了视觉方面的信息辅助，此时，儿童不需要完全依靠听觉来理解任务要求，而是可以通过观察物品来辅助理解任务呈现者的语言。这对于存在视觉学习偏好的孤独症儿童来说，更容易理解任务呈现者的要求，从而做出正确的行为反应。

以上的呈现方式就是结构化教学法中的空间和物品整理。结构化教学强调培养儿童的秩序感，因此，在空间和物品整理上，结构化教学法遵循的是从上到下、从左到右的顺序，这与人们的日常生活习惯是一致的。通过有组织、有计划地整理空间和物品，并在每次呈现任务的时候引导儿童按从上到下、从左到右的顺序来扫视物品，帮助儿童养成寻找信息的视觉习惯。因此，在整理空间和物品时，应遵循从空间布局的上方或者左侧开始、到下方或者右侧结束的任务信息呈现顺序。如图3–2–3。

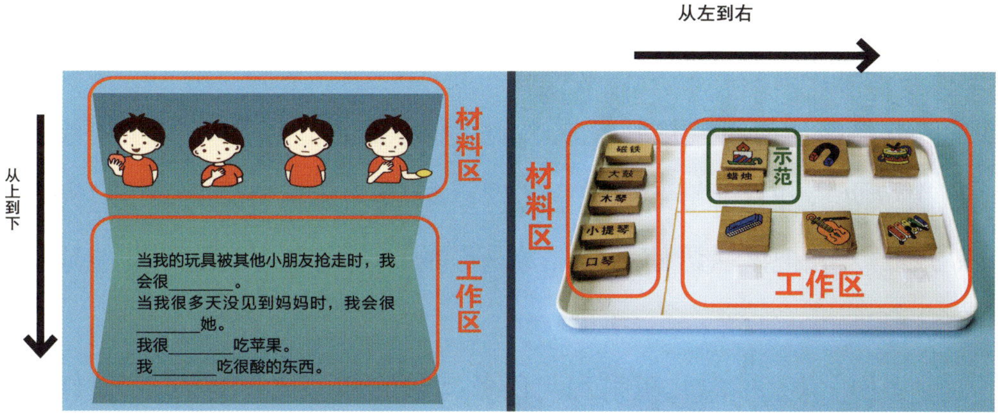

图3–2–3 空间和物品的整理

（二）限定

通过标注、放大、删减等方式来凸显主要信息，从而实现将儿童的注意力限定在我们期望他们关注的信息上。

比如想让儿童完成练习本上的练习题，我们可以在向儿童提出任务时直接向他呈现练习本并说："请你打开第7页，并完成上面的练习题。"见图3-2-4。

图3-2-4　呈现练习本封面

以这种方式呈现任务，呈现给儿童的视觉信息是一本练习本的封面，儿童需要更多地依靠听觉收集任务信息。首先，儿童要倾听话语"请你打开第7页"，并将该话语与"打开"这个动作联系起来；其次，儿童需要听清楚话语"第7页"并且能够辨认数字"7"；最后，儿童要倾听话语"完成上面的练习题"，并把该话语信息与"做题"的计划能力相匹配，才能够真正理解任务信息。

我们还可以直接向儿童呈现与任务有关的那一页，并说："请你完成第7页的练习题。"见图3-2-5。这时候，呈现给儿童的视觉信息就包含了儿童需要完成的任务。儿童需要通过视觉和听觉两种途径相结合的方式来获取与任务相关的信息。儿童首先需要获取听觉信息"第7页"并具备辨认数字"7"的能力，才能够在听觉信息"第7页"的指引下，找到相应的练习题；随后，儿童可以通过视觉途径（阅读）来获取任务信息。对于语言理解能力较弱的孤独症儿童来说，这种任务呈现方式增加了视觉信息的内容，更有利于儿童理解任务要求。但是，这种呈现方式在呈现任务信息的同时，也呈现了与任务无关的信息，即第6页的内容，这会对视觉综合能力较弱的孤独症儿童造成一定的干扰。

图3-2-5　呈现与任务相关的页面

因此，我们如果想让孤独症儿童快速、直接地获取准确的任务信息，就可以采用视觉限定的方式来呈现任务，有计划地将儿童的视觉关注引向最重要的任务信息。我们可以对该任务的呈现方式进行如下改变（如图3-2-6）：

1. 标注重点内容。将我们希望儿童关注到的信息用鲜艳的颜色（或其他方式）进行标注，以凸显重点信息。

2. 去除无关内容。通过遮挡（或其他方式）将与任务无关的信息屏蔽，以凸显任务信息。

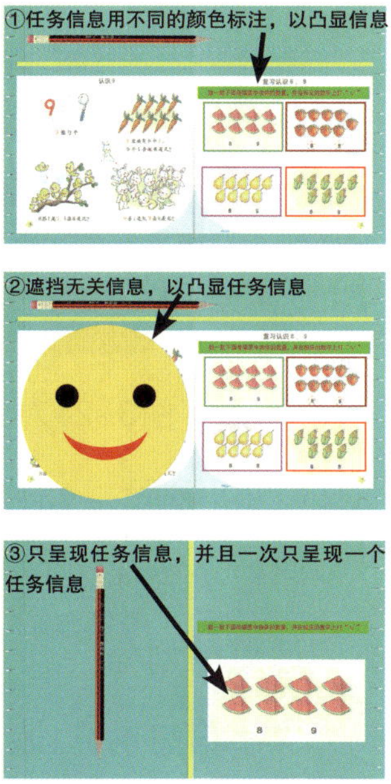

图3-2-6　视觉限定

3. **任务单独呈现**。有目的地对任务信息进行重新整合，删除所有与任务无关的信息，只呈现重点任务信息，并且一次只呈现一个任务信息。

（三）固定

通过粘贴、捆绑、装订等方式将任务中的某些材料固定，以便于孤独症儿童操作。比如想让儿童完成串珠子的任务，如果我们直接把绳子、珠子呈现给儿童（如图3–2–7），由于绳子没有经过任何处理，那么儿童在操作过程中很容易让已经串进去的珠子从绳子另一头滑出，这对儿童顺利完成任务造成了阻碍。同时，如果装珠子的容器较大或较浅，儿童容易在取任务材料的过程中撒落珠子，这也对儿童顺利完成任务造成了干扰。

但是，如果我们在呈现任务之前，帮助儿童把材料进行固定（如图3–2–8）：将珠子放在大小和深浅都比较适宜的容器中，并将容器固定；同时，将绳子的一头固定在方便儿童操作的位置，这样就能有效避免珠子滑出和撒落带给儿童的干扰，更有利于儿童顺利完成任务。

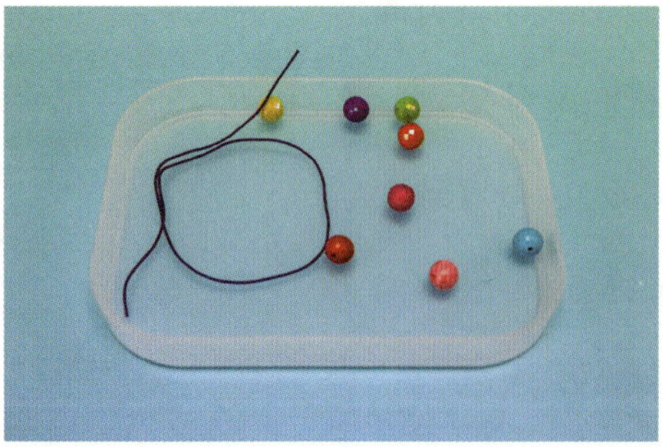

图3–2–7　串珠子

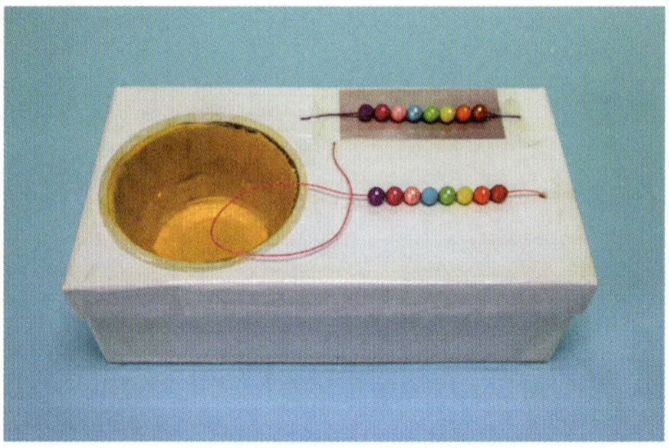

图3–2–8　将珠子和绳子固定

（四）分段

将一个整体切分成若干个便于儿童理解的部分，包括文字信息的分段和空间区域的划分。

文字信息的分段：将复杂的文章拆分成小段，以便于儿童理解。比如，我们想让儿童通过阅读说明书来完成煮米粉的任务。

图3-2-9是米粉包装袋上的食用说明书。从图中可以看出，该说明书已经将煮米粉的每一个步骤都做了清晰划分，但是将所有的步骤排在一个较小的区域内。这对视觉聚焦能力较强（能较好排除无关信息干扰）的普通儿童来说，阅读起来并无困难，但是对视觉聚焦能力较弱的孤独症儿童来说，阅读的时候很难做到先阅读完一个步骤，操作一个步骤，然后再阅读下一个步骤。他们常常会一口气阅读完所有的内容，但是阅读完之后很难理解并记住说明书中的操作步骤，因而很难将说明书的步骤跟自己的操作结合起来。

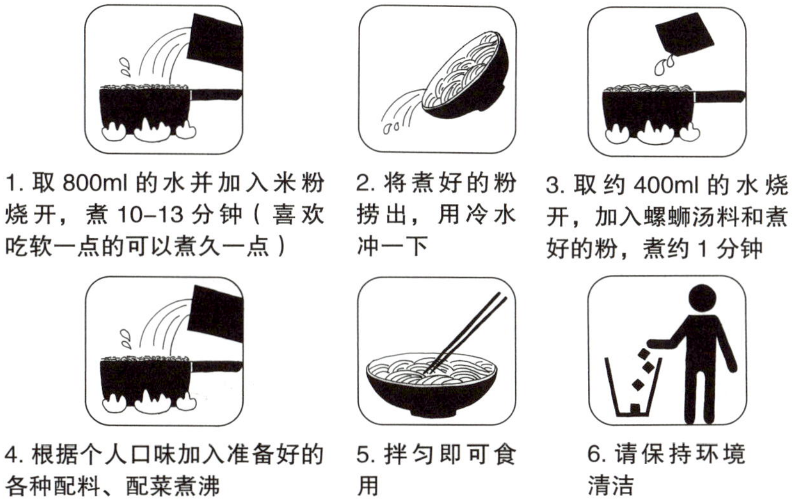

图3-2-9　米粉食用说明书

针对上述情况，我们可以采用分段的方式，将整个说明书按照步骤进行划分，每个步骤为一段，并制作成翻页的形式。分段之后，一次只呈现一个步骤的内容，以便儿童逐步阅读并完成操作，避免了因内容过长而导致儿童理解出现困难或者不能很好地将步骤与行为操作相结合。如图3-2-10。

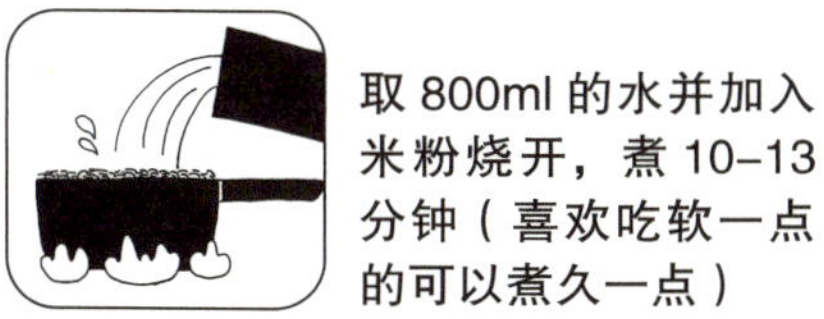

图3-2-10　文字信息分段显示

空间区域的划分：将空间进行划分，以帮助儿童更快地找到重要的信息。一般情况下，空间区域可以划分为材料区和工作区。材料区放置儿童完成任务所需要的材料。工作区是儿童进行任务操作的区域，由于儿童的任务完成成果一般会在任务结束后在该区域呈现出来，因此该区域也称完成区。

比如，我们想让儿童完成一个将圆形积木和长方形积木进行分类的任务。如果我们给儿童呈现的是图3–2–11的材料，空间上虽然已经有划分（由上至下，上方为材料区，下方为工作区），但是两个区域采用相同的颜色，在视觉上并不突出，儿童不容易迅速理解不同区域的功能。如果我们进行空间划分之后再呈现给儿童（见图3–2–12），每个区域采用不同的颜色进行划分，在视觉上有较强的冲击效果，更容易让儿童一眼就能够看出教具的区域布局，使儿童在视觉上更容易区分出要从哪里拿积木，积木要放到哪里。

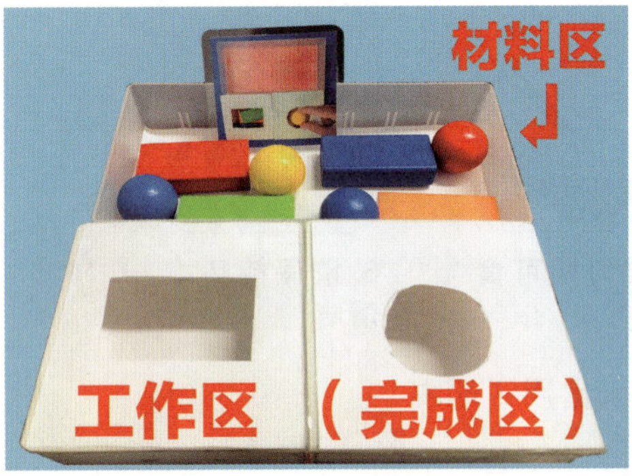

图3–2–11　积木分类

图3–2–12　空间区域分段

二、视觉提示

视觉提示指通过有目的地呈现某些视觉信息，帮助学生制定一个系统的策略，把单独的任务按照正确的顺序组合起来，包括书面提示、图片提示、模型示意、嵌板工具展示、材料定义任务等形式。

（一）书面提示

书面提示是以文字书写的形式给予儿童视觉辅助，适合有一定阅读理解能力的孤独症儿童，包括任务分解和任务说明。

任务分解：将任务分解成若干个小步骤，并以书面的形式列出（类似于说明书）。比如，儿童在独立完成完整的洗手流程上出现困难，我们可以给予儿童书面提示（如图3–2–13）。通过帮助儿童详细列出洗手的每一个步骤的形式，给予儿童视觉上的辅助。

图3–2–13　任务分解

任务说明：以文字的形式说明任务的要求。比如，我们在要求儿童完成拼图的任务时，向儿童呈现如下教具。教具上的文字“请把小狗拼好”就是任务说明。见图3–2–14。

图3–2–14　任务说明

（二）图片提示

图片提示是以图片的形式给予儿童视觉提示，帮助儿童理解任务要求。这种提示适合有实物与图片配对能力的孤独症儿童。比如，儿童在准备第二天上学用品的时候存在困难，我们可以为儿童设计一份物品清单（如图3–2–

15），儿童可以根据物品清单的提示来自行完成“准备第二天上学用品”的任务。

图3-2-15　图片提示

（三）模型示意

模型示意是以实物模型的形式给予儿童视觉提示，帮助儿童理解任务要求。换句话说，就是呈现一个已完成的任务作为范例，向儿童说明任务要求。比如，我们要求儿童完成实物与实物配对的任务，可以向儿童呈现以下教具（如图3-2-16）。教具中，为了确保儿童能够理解任务的要求，教导者事先完成一个配对以作为示范。图3-2-16中第一个已经完成配对的就是示意模型。

图3-2-16　模型示意

（四）嵌板工具展示

嵌板工具展示是利用形状凹槽来给予儿童视觉提示，帮助儿童理解任务要求。儿童在进行形状配对时，不匹配形状的拼板无法嵌入凹槽，儿童可以由此来自行检验操作是否正确。见图3-2-17。

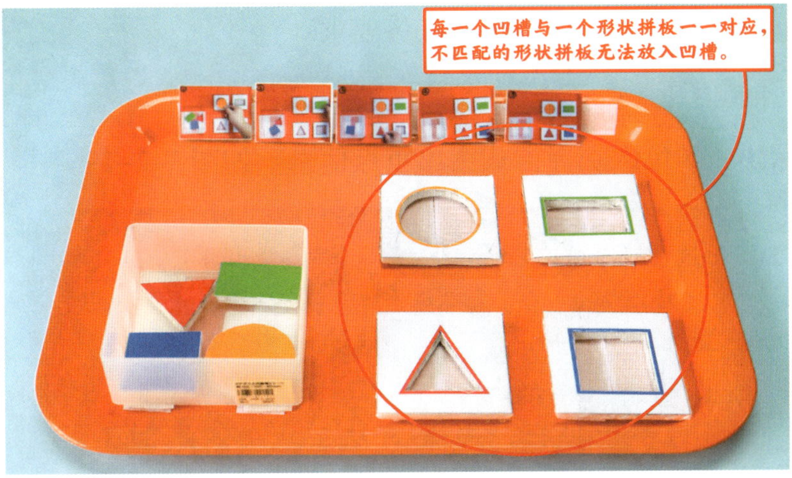

图3-2-17　嵌板工具展示

（五）材料定义任务

材料定义任务是指在呈现材料时，通过有目的地规划空间布局，将任务信息蕴含在材料中，儿童在看到教具的时候，能够通过材料自然而然地理解任务的要求。如图3-2-18，教具中左边材料区呈现的是圆形小木片；右边是不同颜色的投币孔，代表的是要将小木片按颜色投进投币孔。

图3-2-18　材料定义任务

三、视觉澄清

视觉澄清指通过强调信息、明确位置、强调完成概念等方式将儿童的注意力引向重点信息，帮助儿童理解任务要求。

（一）强调信息

通过标注、颜色区别等方式突出重点信息。如图3–2–19。

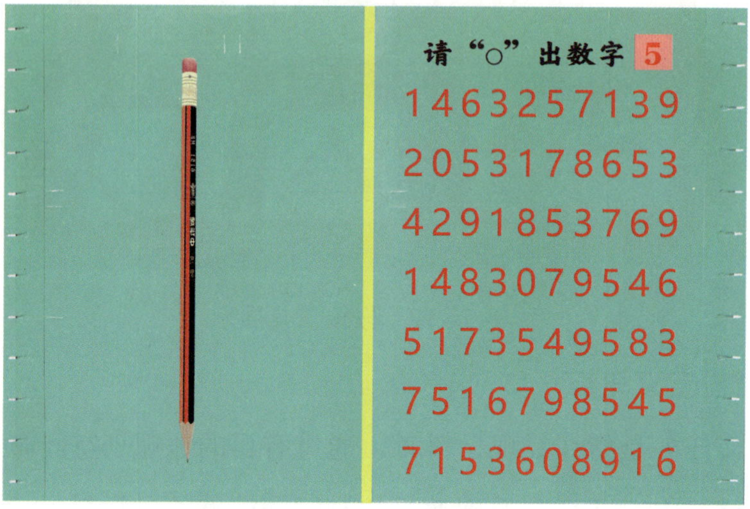

图3–2–19　强调信息

（二）明确位置

通过镶嵌展示、模型示意、文字提示等方式标明物品放置的位置。如图3–2–20、图3–2–21、图3–2–22。

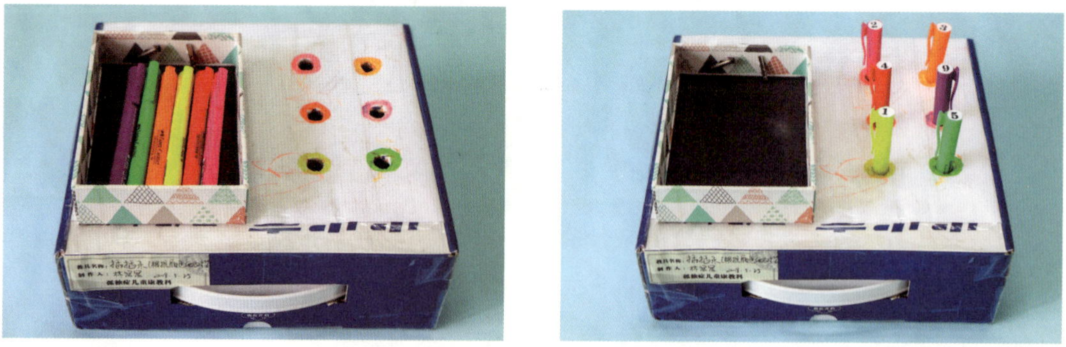

图3–2–20　镶嵌标注物品放置位置

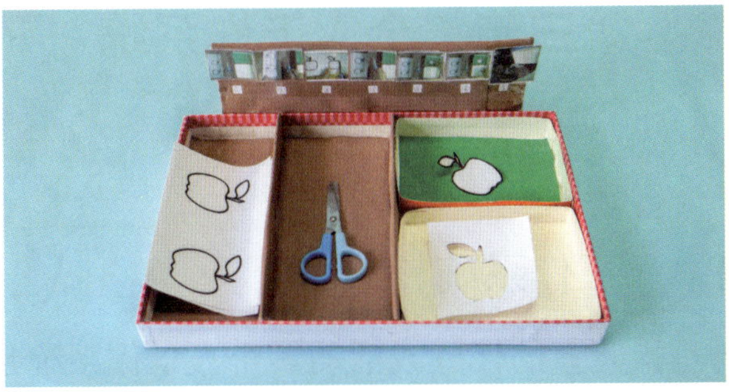

图3-2-21　模型标注物品放置位置

图3-2-22　文字标注物品放置位置

（三）强调完成概念

设置任务开始区和完成区，任务完成后有明确的视觉显示，以帮助儿童理解“结束”的概念。如图3-2-23（用前二指夹夹子教具），孩子把材料区中的夹子全部夹完之后，材料区材料用完，任务区填满，表明任务完成。

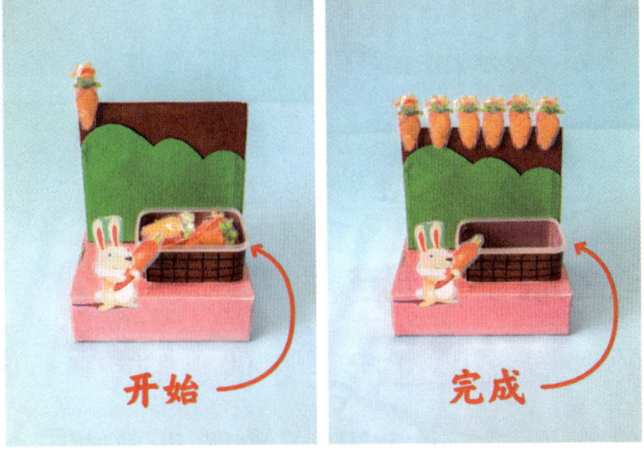

图3-2-23　强调完成概念

第三节　个人工作系统

一、什么是个人工作系统

此处的工作，是指儿童的任务或活动。个人工作系统是根据儿童的康复需求，结合儿童的能力和兴趣而设置的一系列个别化康复任务或活动体系。在个人工作系统中，儿童根据视觉提示，逐个完成系统列出的任务。这一过程不仅能够帮助儿童学习技能，还能够提升儿童的独立性。

个人工作系统由工作清单、结构化教具、环境布置组成。具体来说，就是儿童根据工作标识的提示，逐一找到相应的结构化教具，完成结构化教具的任务要求的流程。见图3–3–1。

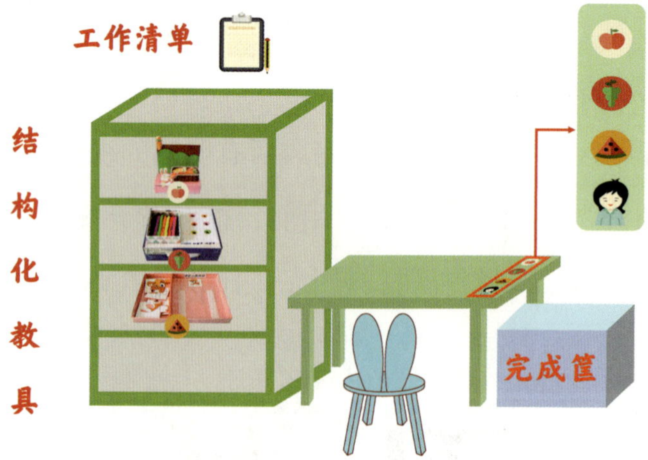

图3–3–1　个人工作系统

二、个人工作系统的开展流程

个人工作系统的开展流程包括：评估、制订个别化教育计划（简称IEP）、设计工作清单、设置工作环境、教导儿童使用个人工作系统。如图3–3–2。

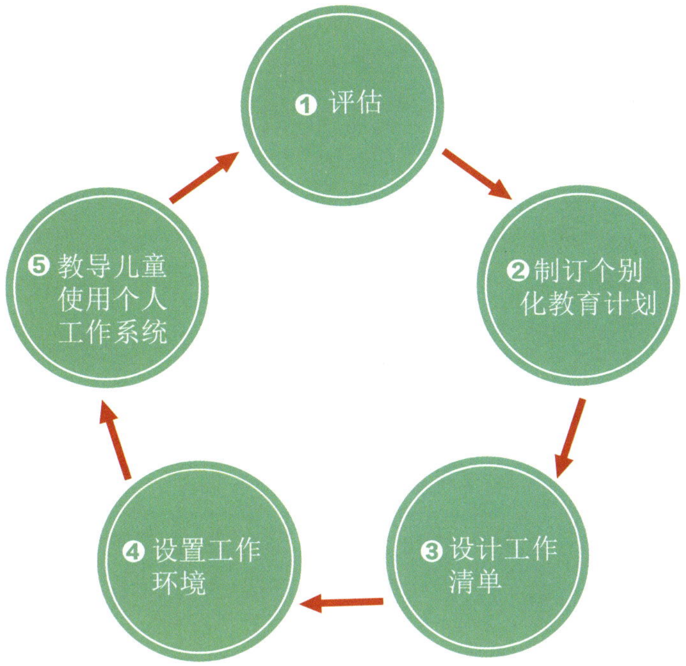

图3-3-2　个人工作系统开展流程

（一）个人工作清单

个人工作清单，即儿童要完成哪些工作任务的列表，是康复教师根据儿童的个别化教育计划而设计的，内容是儿童个人工作的康复训练目标。该清单方便教师明确儿童的工作任务，结合儿童的工作任务为儿童设计个人工作环境，记录儿童在工作中的表现情况。另外，该清单不需要呈现给儿童。如表3-1。

表3-1　个人工作清单

<table>
<tr><td>儿童姓名</td><td>小卓</td><td>生理年龄</td><td colspan="2">4岁8个月</td><td>发展年龄</td><td colspan="2">2岁3个月</td><td>康复教师</td><td colspan="2">张老师</td></tr>
<tr><td colspan="2" rowspan="2">康复目标</td><td colspan="9">训练日期</td></tr>
<tr><td>2019.3.4</td><td>2019.3.5</td><td>2019.3.6</td><td>2019.3.7</td><td>2019.3.8</td><td>2019.3.11</td><td>2019.3.12</td><td>2019.3.13</td><td>2019.3.14</td></tr>
<tr><td colspan="2">1. 能自行将胶泥搓成长条</td><td>P</td><td>P</td><td>Pph</td><td>Pph</td><td>Pph</td><td>Pph</td><td>+</td><td>+</td><td>+</td></tr>
<tr><td colspan="2">2. 能自行完成4块拼图</td><td>P</td><td>P</td><td>P</td><td>P</td><td>Pph</td><td>Pph</td><td>Pph</td><td>Pph</td><td>Pph</td></tr>
</table>

续表

3. 能自行按颜色将形状相同的卡片分类	P	Pph	G	G	+	+	+	+	+
4. 能双手配合串小号珠子10颗	P	Pph	+	+	+	+	+	+	+

（记录符号说明：+，独立完成；G，手势辅助；Pph，少量身体辅助；P，全身体辅助）

设计工作清单要遵循以下原则：

首先，工作的内容要符合儿童的实际发展水平。工作内容的难度要根据儿童的实际发展情况来设置，确保工作内容在儿童的能力范围内，让儿童能够独立完成。

其次，任务量的设置要符合儿童的注意力持续水平。任务量的设置宜与儿童需要完成所有任务的时间总和接近，并少于儿童的注意力持续时间。比如，儿童的注意力持续时间为5分钟，那么工作量的设置总时长应为4—5分钟。如果时间过长，超过儿童的注意力持续时间，容易引发儿童的不良行为；如果时间过短，则不利于提升儿童的注意力和发展儿童的自我管理能力。

最后，遵循儿童的兴趣。工作内容的设置要结合儿童的兴趣，在较难的工作任务前后穿插儿童感兴趣的任务，以便能维持儿童工作的持续注意力。

（二）工作环境设置

工作环境设置应包括以下内容：

1. 教具呈现的数量及摆放位置

在儿童刚开始学习使用个人工作系统时，给儿童呈现的教具数量与儿童的工作任务数量应是一一对应的（工作任务数量的确定方法请参照表3–1的个人工作清单设计）。换句话说，就是只给儿童呈现其需要完成的工作任务，不设干扰项。这样有利于儿童快速找到教具，掌握个人工作系统的使用流程。

当儿童熟悉了个人工作系统流程后，可以适当地增加干扰，以提升儿童的视觉扫视和辨别能力。比如，儿童需要完成的工作任务数量为4项，我们可以根据儿童的视觉扫视和辨别能力适当地增加干扰项。这时，我们给儿童提供的教具数量可能是6项或者更多。

教具摆放的位置可以在工作台的左侧或者上方，以养成儿童从左至右、从上至下的扫视习惯和次序感。对于能力较好的儿童，也可以采用区域划分的形式，将整个活动室划分为教具区和工作区。一般情况下，区域划分也遵循从左至右的次序，即活动室入口左边为教具区，右边为工作区。见图3–3–3。

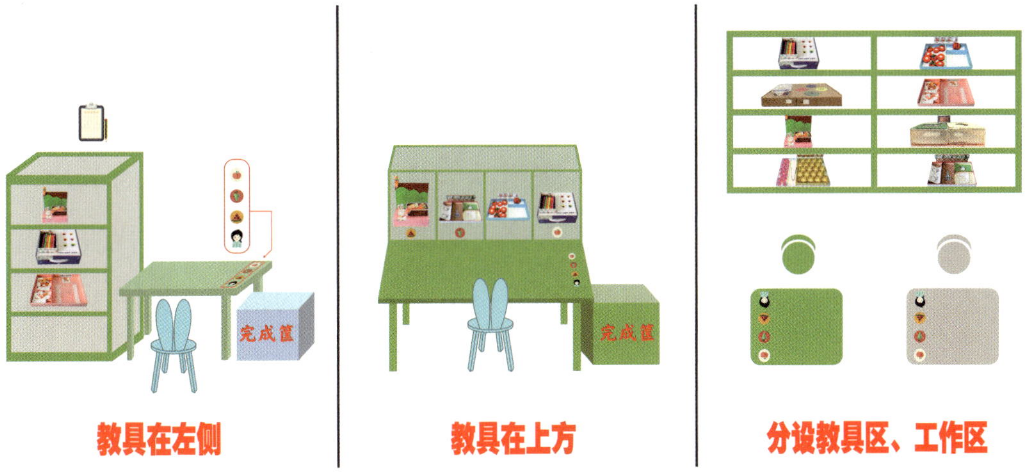

图3–3–3　工作环境设置

2. 工作台与教具的距离

刚开始教导儿童使用个人工作系统时，教具应放在儿童伸手就能够得着的位置，这样更有利于儿童建立个人工作系统流程的连贯性。当儿童对个人工作系统越来越熟练时，可以适当增加教具与工作台间的距离，有助于延长儿童的注意力持续时间，帮助儿童学会排除环境中的干扰。同时，这种分区域布局更接近于现实生活中的一些场景（如图书馆），有利于儿童将经验迁移至生活中。（具体布局请参照图3–3–3）

3. 标识的摆放位置

指示工作任务的标识是用来指引儿童找到相应的工作任务教具。可以采用儿童喜欢的卡通形象图案或者儿童感兴趣的图标来作为任务标识，以提升儿童的工作动机。个人工作标识是给予儿童的任务指示，一般成对使用。一对标识对应一个任务，其中一张贴于工作台任务栏，另一张贴在教具上。儿童通过匹配标识来找到相应的任务教具。标识按任务顺序依次排列在工作台的一侧，以方便儿童拿取。如果儿童伸手就能够到工作台的上方，标识就可以按从左至右的顺序摆放于工作台上方；如果儿童习惯用右手，那么标识可以按从上至下的顺序摆放于工作台右侧；如果儿童习惯用左手，那么标识可以按从上至下的顺序摆放于工作台左侧。在完成任务之后，需要有一张代表下一步活动的指示标识。这张标识可以是强化物，代表儿童完成个人工作任务后可以获得的奖励；也可以是一张活动卡片，如标识“喝水”的卡片，代表儿童完成个人工作任务后去喝水；还可以是一张教师的照片，代表儿童完成个人工作任务后去寻找教师，从而获得下一步活动的指示。见图3–3–4。

图3–3–4　工作标识使用示意图

4. 完成工作后的教具摆放位置

视觉教学强调在视觉上要有明确的开始和结束指示。个人工作系统也需要给予儿童明确的开始和结束的视觉指示。一般情况下，可以通过设立“完成筐”或者用标识引导儿童将教具放回教具柜，来提示儿童工作结束。

完成筐指的是回收儿童已完成教具的篮子，儿童通过将已完成的教具投入完成筐的动作来感受每一项工作的结束。这种操作比较简单，适合刚刚开始使用个人工作系统或障碍程度较重的儿童。

我们还可以通过利用标识，指引儿童将教具放回教具柜来感受每一项工作的结束。上文在阐述工作标识时提到，儿童的每一项工作教具上都贴有一张唯一的工作标识。在指引儿童将教具放回教具柜时，我们只需要在教具柜上贴上与教具相同的标识来给予儿童视觉指引。这种提示完成的方式，需要儿童有较长时间的持续注意力，适合注意力较好的儿童。见图3–3–5。

图3–3–5　完成工作后教具摆放位置标识示意图

（三）教导儿童使用个人工作系统

由康复教师或经过培训后的家长担任教导者的角色。教导者的任务在于帮助儿童掌握个人工作系统的流程。刚开始教导儿童时，采用身体辅助与语言辅助相结合的方式，随后逐渐撤销身体辅助，最后撤销语言辅助，使儿童能够独立完成整个个人工作系统流程。个人工作系统使用步骤如表3–2：

表 3-2　个人工作系统使用步骤

序号	步骤	引导语	儿童行为
1	检视任务栏	请你看一下一共有多少项工作	从上至下（或从左至右）逐一检视任务栏上的标识
2	开始工作	现在请你开始第一项工作	儿童拿起第一张工作标识，找到贴有相同标识的教具，并取出教具，依照教具要求开始工作
3	结束工作	请你把教具放到完成区	儿童依照指示将教具放到完成区
4	活动转衔	看一看，接下来要做什么	拿起下一张活动卡，转入下一项活动

三、个人工作系统开展案例介绍

案例一　瀚瀚

以孤独症儿童瀚瀚为例，瀚瀚的 PEO 框架分析如图 3-3-6：

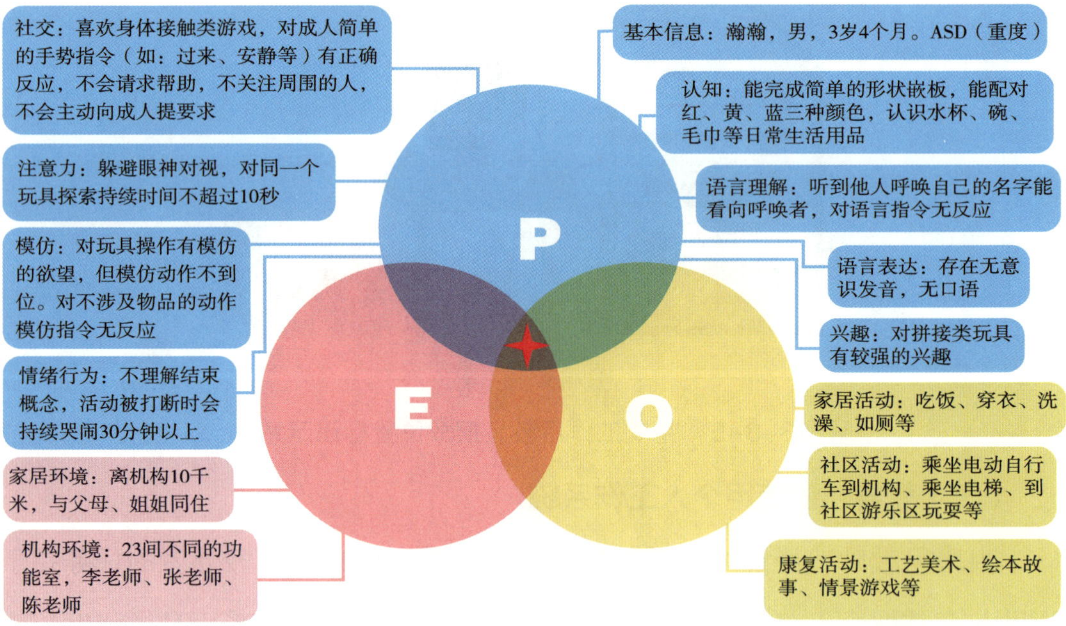

图 3-3-6　瀚瀚的 PEO 框架分析

运用个人工作系统对瀚瀚进行干预时，我们需要遵循以下流程：

（一）评估

运用 PEP–3 对瀚瀚进行评估，评估结果如下：

自闭症儿童心理教育评核（第三版）

Psychoeducational Profile–Third Edition（PEP–3）

测试员记录册

第 1 部分　儿童资料

评估编号	A000000138	儿童姓名	瀚瀚	性别	男
			年	月	日
中心 / 班别	金柏班	评估日期	2017	12	28
测试员姓名	陈老师	出生日期	2014	9	15
备　注	2017 年项目初期评估	年　龄	3—3.5 岁		

第 2 部分　副测验分数

发展及行为副测验		原积分	发展年龄	百分比级数	发展 / 适应程度
1. 认知（语言 / 语前）	（CVP）	21	16	31	中度
2. 语言表达	（EL）	0	<12	<4	严重
3. 语言理解	（RL）	2	<12	19	严重
4. 小肌肉	（FM）	16	<12	15	严重
5. 大肌肉	（GM）	11	<12	12	严重
6. 模仿（视觉 / 动作）	（VMI）	8	<12	35	中度
7. 情感表达	（AE）	7		4	严重
8. 社交互助	（SR）	6		8	严重
9. 行为特征—非语言	（CMB）	18		35	中度
10. 行为特征—语言	（CVB）	0		4	严重
儿童照顾者报告副测验					
1. 问题行为	（PB）	10		46	中度
2. 个人自理	（PSC）	14	29	35	中度
3. 适应行为	（AB）	22		73	中度

第 3 部分　合成分数

标准分　Standard Scores（SSs）

	CVP	EL	RL	FM	GM	VMI	AE	SR	CMB	CVB	标准分综合	百分比级数	发展/适应程度	发展年龄
沟通（C）	8	7	6								21	18	严重	9.3
体能（M）				6	6	8					20	10	严重	6.0
行为（MB）							5	6	9	6	26	14	严重	

从评估结果可以看出，瀚瀚的实际发展水平与同龄普通儿童相比，处于中重度落后水平。该儿童的认知、模仿（视觉 / 动作）以及非语言行为特征的实际发展水平优于其他领域的实际发展水平。在康复训练中，可以尝试利用这几个领域的优势带动其他领域的发展。而他在语言理解、语言表达、语言行为特征能力发展相对于其他领域能力较弱（原积分明显低于其他领域），因此，瀚瀚在康复训练中应避免单纯的语言类学习，而应结合非语言行为、视觉动作的辅助来帮助其提升语言能力。

（二）制订个别化教育计划（IEP）

根据瀚瀚的评估结果，为瀚瀚制订了月康复计划，如表3–3：

表 3–3　瀚瀚的月康复计划

范畴	发展能力	目标内容	成功标准
认知	空间关系	能自行找出2块拼图的另一半并拼合	80%
		能自行按形状将物品分类	80%
	物品认知	指认常见生活用品10种	80%
		理解常用生活物品功能（水杯、碗、毛巾）	80%
社交	前备技能	一分钟内注意变化的人脸10次	100%
小肌肉	拾放物品	能用前二指拾起圆形小木片并投进投币孔	100%
生活自理	收拾物品	能自行把文具放进书包	100%

（三）设计工作清单

根据瀚瀚的个别化教育计划，为瀚瀚选择了以下工作内容：

1. 能自行找出2块拼图的另一半并进行拼合。瀚瀚喜欢拼插类玩具，并且已经具备了红、黄、蓝三种颜色的配对能力。因此，可以利用颜色卡片并结合拼插游戏的形式来作为个人工作任务标识，以提升瀚瀚的工作动机。该目标可以融入个人工作流程来练习。（此目标无须再单独呈现教具）

2. 能自行按形状将物品分类。此目标旨在提升瀚瀚的空间能力，并通过空间探索来进一步认知形状的概念。

3. 能自行把文具放进书包。到机构上学是瀚瀚每天的常规活动。该目标能够有针对性地提升瀚瀚收拾物品的能力，并且该技能能够直接运用到每天的活动当中。

4. 能用前二指拾起圆形小木片并投进投币孔。瀚瀚有较好的模仿欲望，但手指灵活性及物品操控能力影响了瀚瀚模仿能力的进一步发展。该目标旨在练习瀚瀚的手指灵活性。

5. 能自行按颜色将物品分类。瀚瀚已有红、黄、蓝三种颜色配对的能力，可以在此基础上增加1—2种颜色，拓展瀚瀚的颜色认知。此目标可以结合以上的目标4一起完成。

根据以上目标，我们为瀚瀚制定了个人工作清单，如表3-4：

表 3-4　瀚瀚的个人工作清单

<table>
<tr><td>儿童姓名</td><td>瀚瀚</td><td>生理年龄</td><td colspan="2">3岁4个月</td><td>发展年龄</td><td colspan="2"><12个月</td><td>康复教师</td><td colspan="2">李老师</td></tr>
<tr><td colspan="2" rowspan="2">康复目标</td><td colspan="9">训练日期</td></tr>
<tr><td>2018.1.3</td><td>2018.1.4</td><td>2018.1.5</td><td>2018.1.8</td><td>2018.1.9</td><td>2018.1.10</td><td>2018.1.11</td><td>2018.1.12</td><td>2018.1.15</td></tr>
<tr><td colspan="2">1. 能自行找出2块拼图的另一半并进行拼合</td><td></td><td></td><td></td><td></td><td></td><td></td><td></td><td></td><td></td></tr>
<tr><td colspan="2">2. 能自行按形状将物品分类</td><td></td><td></td><td></td><td></td><td></td><td></td><td></td><td></td><td></td></tr>
<tr><td colspan="2">3. 能自行把文具放进书包</td><td></td><td></td><td></td><td></td><td></td><td></td><td></td><td></td><td></td></tr>
<tr><td colspan="2">4. 能用前二指拾起圆形小木片并投进投币孔</td><td></td><td></td><td></td><td></td><td></td><td></td><td></td><td></td><td></td></tr>
<tr><td colspan="2">5. 能自行按颜色将物品分类</td><td></td><td></td><td></td><td></td><td></td><td></td><td></td><td></td><td></td></tr>
</table>

（记录符号说明：+，独立完成；G，手势辅助；Pph，少量身体辅助；P，全身体辅助）

根据以上康复目标，我们为瀚瀚挑选了适合的视觉教具，如表3–5：

表 3–5　瀚瀚的视觉教具

目　标	教　具
1. 能自行按形状将物品分类	
2. 能自行把文具放进书包	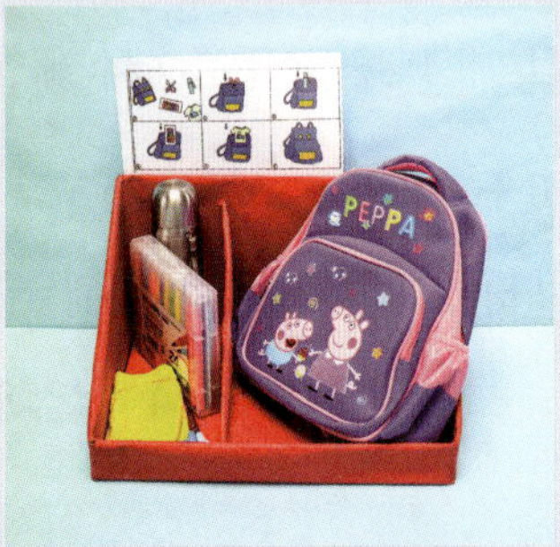
3.1　能用前二指拾起圆形小木片并投进投币孔 3.2　能自行按颜色将物品分类	

（四）工作环境设置

1. 指示标识

瀚瀚喜欢拼插类玩具，并且已有红、黄、蓝三种颜色的配对能力，因此，可以考虑使用颜色卡片并结合拼插游戏的形式来标示瀚瀚的工作。如图3–3–7，使用红、黄、蓝三种颜色卡片，并做成拼图。

图3-3-7　指示标识

2. 空间环境的布置

瀚瀚的注意力持续时间为10秒，所以设置的每一项工作所需要耗费的时长不要超过10秒，并且工作项目不要超过3项。

从评估结果看，瀚瀚的认知实际发展年龄相当于普通儿童的16个月阶段。根据皮亚杰研究理论，这个年龄阶段的儿童处于感知运动阶段，主要依靠动作去感知和适应环境。因此，用“消失”的形式来标注工作的完成，通过把已完成的教具投进完成区的形式，让瀚瀚感知“完成”的概念。

基于以上原因，我们采用了如图3-3-8所示的空间环境布置。

图3-3-8　空间环境布置

（五）教导个案使用个人工作系统

1. 检视任务

教师引导瀚瀚逐项检视个人工作任务，让瀚瀚了解本次个人工作的任务量，以及预告个人工作之后的下一项活动。如图3–3–9。

图3–3–9　引导瀚瀚检视任务

2. 启动个人工作

教师引导瀚瀚拿起第一个工作标识，帮助瀚瀚尽快启动个人工作。如图3–3–10。

图3–3–10　引导瀚瀚启动个人工作

3. 配对标识

瀚瀚来到教具柜前，将手中的标识与教具上的标识进行配对。通过标识的视觉指引，帮助瀚瀚找到第一项工作的结构化教具。如图3-3-11。

图3-3-11　瀚瀚配对标识

4. 操作教具

瀚瀚取出第一项工作的结构化教具，并根据结构化教具的视觉提示进行操作练习。如图3-3-12。

图3-3-12　瀚瀚操作教具

5. 将已完成的教具投入完成筐

瀚瀚将已操作完成的结构化教具投入完成筐。此环节能够直观地帮助瀚瀚感知“完成”的概念。如图3-3-13。

图3-3-13 瀚瀚将已完成的教具投入完成筐

6. 转入下一项活动

瀚瀚依照上述流程逐项完成个人工作任务后，教师引导瀚瀚检视“下一项活动”的视觉提示卡，并引导瀚瀚依照提示转入下一项活动。如图3-3-14。

图3-3-14 引导瀚瀚转入下一项活动

案例二 小靖

小靖的基本信息：

小靖，男，2岁11个月，诊断为孤独症谱系障碍（重度），平时由奶奶照顾。奶奶与小靖相处时，多是照顾他的日常生活，较少与小靖进行游戏互动。小靖无事可做时，喜欢一个人跑来跑去。他的社交表现是：呼名无反应，无目光对视；指令和规则意识弱，不听从指令；对大部分日常语言不理解，无口语表达能力，偶尔会发出一些无意识的单音；能够用手拉扯大人的手表示提要求的意图，但提要求时无目光对视。小靖能认识常见的水果、动物和生活物品约20种，但未表现出配对的能力，并且专注于某件事情的时间不超过30秒。他的兴趣是：喜欢识读文字，认识100个左右的文字，但不理解文字意思；喜欢动物模型，但玩法单一，一般表现为拿着动物模型或者放进嘴里咬；喜欢翻看书本内的图画，但持续时间不超过1分钟。小靖能熟练运用前三指抓握食物进食，但不会使用餐具（勺子、叉子等），生活自理能力较差。对于进食、洗手、如厕等自理活动，小靖均不能独立完成。小靖与爸爸、妈妈、爷爷、奶奶共同居住在离康复中心约20千米的地方，每天由奶奶陪同其坐地铁来康复中心参加训练。

运用PEO框架分析：

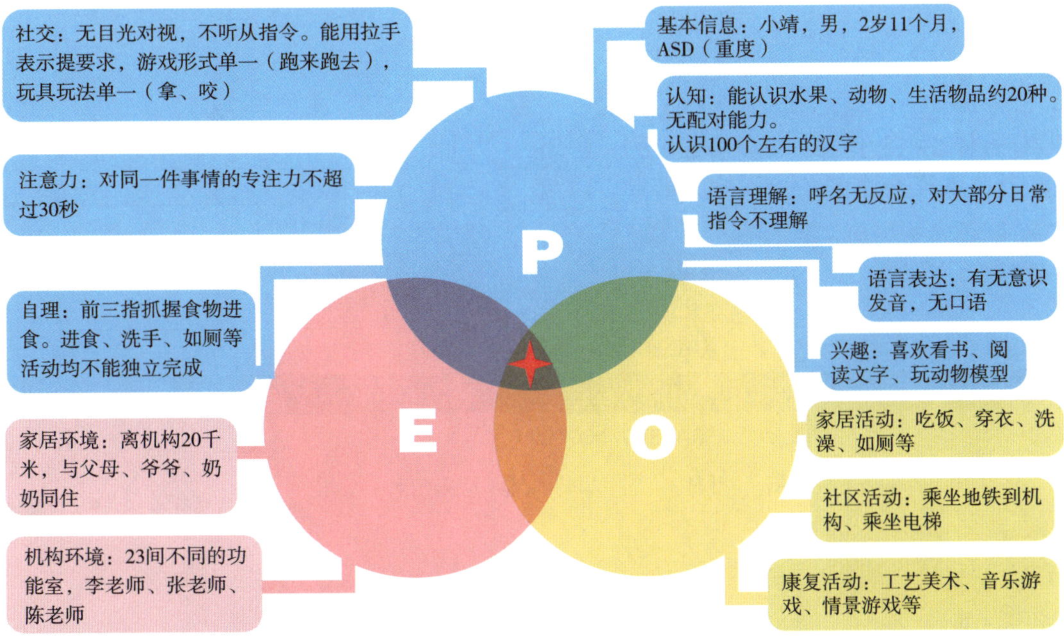

图3-3-15　小靖的PEO框架分析

运用个人工作系统对小靖进行干预时，我们需要遵循以下流程：

（一）评估

运用PEP-3对小靖进行评估，评估结果如下：

自闭症儿童心理教育评核（第三版）

Psychoeducational Profile-Third Edition（PEP-3）

测试员记录册

第1部分 儿童资料

评估编号	A000000375	儿童姓名	小靖	性别	男	
			年	月	日	
中心/班别	第三组	评估日期	2019	08	28	
测试员姓名	陆老师	出生日期	2016	09	02	
备　注	2019年项目初期评估	年　龄	2—3岁			

第2部分 副测验分数

发展及行为副测验		原积分	发展年龄	百分比级数	发展/适应程度
1. 认知（语言/语前）	（CVP）	8	<12	<5	严重
2. 语言表达	（EL）	2	12	14	严重
3. 语言理解	（RL）	0	<12	<5	严重
4. 小肌肉	（FM）	14	<12	5	严重
5. 大肌肉	（GM）	11	<12	10	严重
6. 模仿（视觉/动作）	（VMI）	8	<12	33	中度
7. 情感表达	（AE）	7		<5	严重
8. 社交互助	（SR）	0		<4	严重
9. 行为特征—非语言	（CMB）	18		24	严重
10. 行为特征—语言	（CVB）	0		5	严重
儿童照顾者报告副测验					
1. 问题行为	（PB）	4		10	严重
2. 个人自理	（PSC）	3	14	<5	严重
3. 适应行为	（AB）	10		5	严重

第3部分 合成分数

标准分 Standard Scores（SSs）

	CVP	EL	RL	FM	GM	VMI	AE	SR	CMB	CVB	标准分综合	百分比级数	发展/适应程度	发展年龄
沟通（C）	5	7	5								17	10	严重	8.0
体能（M）				4	5	9					18	9	严重	6.0
行为（MB）							4	3	8	6	21	5	严重	

从评估结果可以看出，小靖的实际发展水平与同龄普通儿童相比处于严重落后水平。小靖各领域能力发展相对均衡，实际发展年龄均在一岁左右。针对该发展水平的儿童，应重点发展其大小肌肉能力、生活自理能力，并且注重建立儿童的学习前备技能（如安坐、目光对视、共同关注、模仿能力等）。看书、阅读文字和玩动物模型是小靖比较喜欢的活动，因此，在康复训练中，可以利用看书、阅读文字来培养他的注意力和共同关注力，利用动物模型帮助他拓展玩具的玩法。

（二）制订个别化教育计划（IEP）

根据小靖的评估结果，为小靖制订了月康复计划，如表3–6：

表 3–6　小靖的月康复计划

范畴	发展能力	目标内容	成功标准
大肌肉	爬行	从隧道中爬过	100%
	进阶移动能力	双手扶持下在蹦床上连续跳	100%
小肌肉	拾放物品	用前二指把物品放入指定位置	100%
	推拉物品	扭动玩具发条	100%
生活自理	进食技能	用前三指抓握勺子进食	80%
	梳洗技能	在视觉提示下完成洗手流程	80%

（三）设计工作清单

根据小靖的个别化教育计划，为小靖选择了以下工作内容：

1. 用前二指把物品放入指定位置。小靖已具备用前三指抓握食物的能力，可通过此目标提高小靖的手指灵活性，为他能正确操作物品（如使用勺子等）奠定基础。

2. 配对动物模型与文字。小靖的注意力持续时间比较短（不超过30秒），且喜欢动物模型和文字，因此可通过此项工作内容调整小靖的注意力，提高他继续进行工作的热情。

3. 按顺序排列洗手流程步骤。此目标旨在帮助小靖明确洗手的步骤，为小靖学习洗手打下基础。小靖的语言理解能力较弱，通过图片和文字的展示，更好地帮助他理解洗手的流程。阅读文字和翻看图片是小靖喜欢的活动，能够有效地将他的注意力集中在工作任务上。

根据以上目标，为小靖制定了个人工作清单，见表3-7：

表 3-7　小靖的个人工作清单

<table>
<tr><td>儿童姓名</td><td>小靖</td><td>生理年龄</td><td colspan="2">2岁11个月</td><td>发展年龄</td><td colspan="2">1岁</td><td>康复教师</td><td>陆老师</td></tr>
<tr><td colspan="2" rowspan="2">康复目标</td><td colspan="8">训练日期</td></tr>
<tr><td>2019.8.29</td><td>2019.8.30</td><td>2019.9.2</td><td>2019.9.3</td><td>2019.9.4</td><td>2019.9.5</td><td>2019.9.6</td><td>2019.9.9</td></tr>
<tr><td colspan="2">1. 用前二指把物品放入指定位置</td><td></td><td></td><td></td><td></td><td></td><td></td><td></td><td></td></tr>
<tr><td colspan="2">2. 配对动物模型与文字</td><td></td><td></td><td></td><td></td><td></td><td></td><td></td><td></td></tr>
<tr><td colspan="2">3. 按顺序排列洗手流程步骤</td><td></td><td></td><td></td><td></td><td></td><td></td><td></td><td></td></tr>
</table>

（记录符号说明：+，独立完成；G，手势辅助；Pph，少量身体辅助；P，全身体辅助）

根据以上目标，我们为小靖挑选了适合的视觉教具，如表3-8：

表 3-8　小靖的视觉教具

目标	教具
1. 用前二指把物品放入指定位置	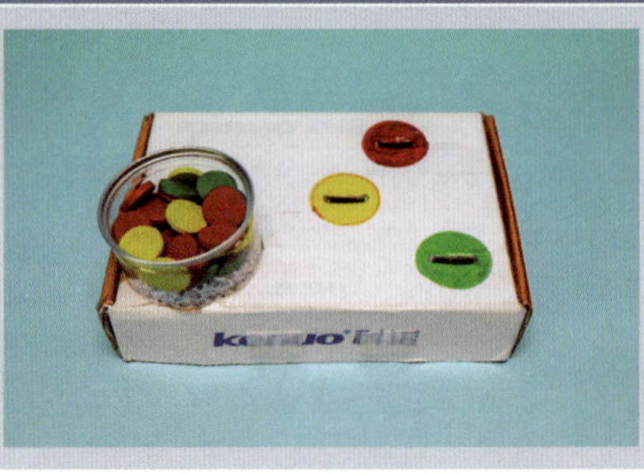

续表

目标	教具
2. 配对动物模型与文字	
3. 按顺序排列洗手流程步骤	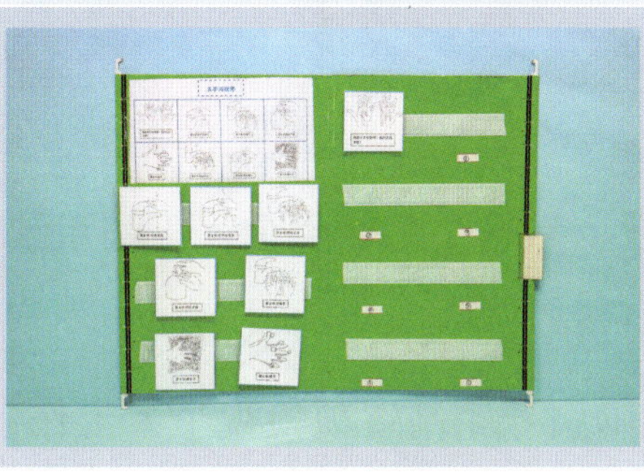

（四）工作环境设置

1. 指示标识

小靖对动物模型比较感兴趣，可以考虑使用动物模型照片来作为指示标识（如图3–3–16），让他拿着动物模型的指示标识去寻找贴有相同标识的教具，以提高小靖的兴趣。

图3–3–16　指示标识

2. 空间环境的布置

由于小靖的配对能力比较弱，因此可以采用配对难度最低的教具，在桌子上方的空间环境进行布置。桌面任务标识可以按从左到右的顺序，在与教具对应的位置粘贴，提供给小靖配对上的视觉提示。如图3–3–17。

图3–3–17　空间环境的布置

（五）教导个案使用个人工作系统

1. 检视任务

教师引导小靖逐项检视个人工作任务，让小靖了解本次个人工作的任务量，如图3–3–18。

图3–3–18　引导小靖检视任务

2. 启动个人工作

教师引导小靖拿起第一个工作标识，帮助小靖尽快启动个人工作。如图3–3–19。

图3-3-19　引导小靖开始个人工作

3. 配对标识

小靖来到教具柜前，将手中的动物模型标识与教具上的动物模型标识进行配对。通过标识的视觉指引，找到第一项工作教具。如图3-3-20。

图3-3-20　小靖配对第一项工作标识

4. 操作教具

小靖取出第一项工作的教具，并根据视觉提示进行操作练习。见图3-3-21。

图3-3-21　小靖操作第一个教具

5. 将已完成的教具投入完成筐

小靖将已操作完成的结构化教具投入完成筐。此环节能够直观地帮助小靖感知“完成”的概念。见图3-3-22。

图3-3-22　小靖将已完成的教具投入完成筐

6. 转入下一项活动

小靖依照上述流程逐项完成个人工作任务后，教师引导小靖检视“下一项活动”的视觉提示卡，并引导小靖依照提示转入下一项活动。见图3-3-23。

图3-3-23　引导小靖转入下一项活动

案例三　乐乐

乐乐的基本信息：

乐乐，男，4岁，诊断为孤独症谱系障碍（中度），因在幼儿园中不遵守集体规则、不听从教师指令、不与小朋友一起玩耍而被劝退。乐乐呼名有反应，能回答“你叫什么名字？”等简单的问题，能用3—5个字的句子向成人提要求。但与人沟通时，乐乐无目光对视，当成人主动获取其眼神关注时，表现出明显回避。乐乐对大多数玩具都表现出感兴趣，但对玩具的玩法多为看、摸、摁、拍，不能遵循玩具的功能进行玩耍。乐乐能够独立进食，可以用掌心抓握勺子进食，但食物洒落较多。乐乐有很好的物品归位能力。当成人要求乐乐进行涂色、剪纸等美工活动时，乐乐会通过自言自语、跑离座位、滚地等方式逃避。乐乐能认识自己常用的物品，如袜子、书包、帽子、水杯、碗等，但不能辨认水果、蔬菜、动物。乐乐在配对完全一样的物品上表现很好，但在配对不完全相同的物品和理解物品的功能上存在困难。乐乐认识200个左右的汉字。乐乐为外地户籍儿童，妈妈带着他租住在康复中心附近的民房中，每天和妈妈步行来康复中心参加训练。

运用PEO框架分析，如图3-3-24：

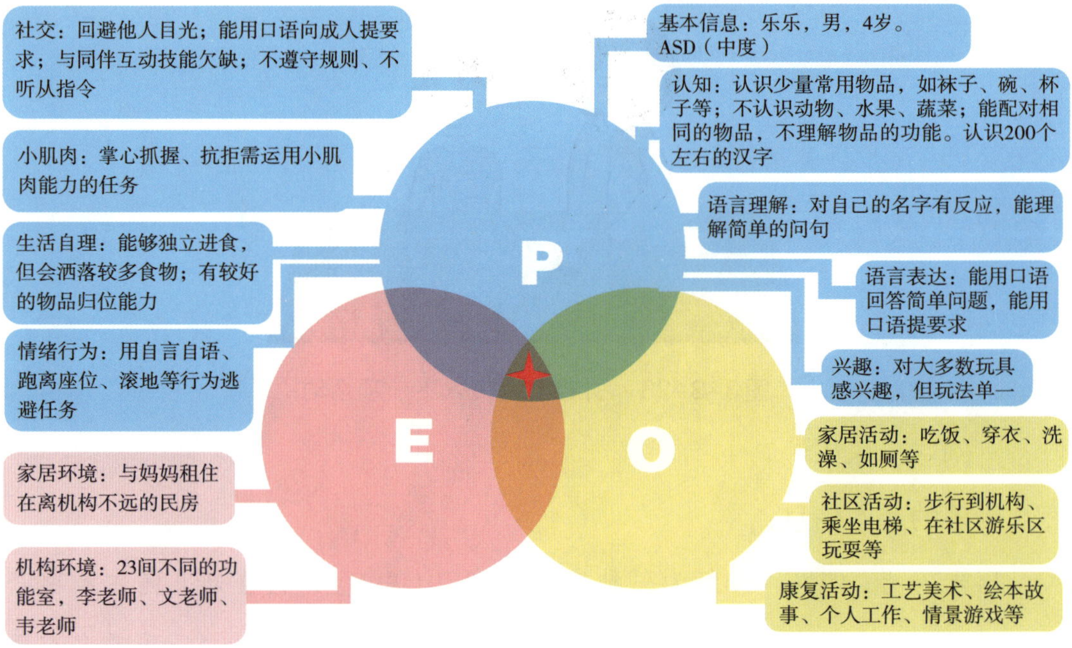

图3-3-24　乐乐的 PEO 框架分析

运用个人工作系统对乐乐进行干预时，我们需要遵循以下流程：

（一）评估

运用 PEP-3 对乐乐进行评估，评估结果如下：

自闭症儿童心理教育评核（第三版）
Psychoeducational Profile-Third Edition（PEP-3）
测试员记录册

第1部分 儿童资料					
评估编号	A000000165	儿童姓名	乐乐	性别	男
			年	月	日
中心/班别	金桔班	评估日期	2018	1	22
测试员姓名	李老师	出生日期	2014	1	18
备　注	2018年项目初期评估	年　龄	4—4.5岁		

第2部分 副测验分数					
发展及行为副测验		原积分	发展年龄	百分比级数	发展/适应程度
1. 认知（语言/语前）	（CVP）	30	22	22	严重
2. 语言表达	（EL）	16	24	38	中度
3. 语言理解	（RL）	20	16	28	中度
4. 小肌肉	（FM）	20	13	7	严重
5. 大肌肉	（GM）	28	31	43	中度
6. 模仿（视觉/动作）	（VMI）	14	26	32	中度
7. 情感表达	（AE）	20		70	中度
8. 社交互助	（SR）	16		52	中度
9. 行为特征—非语言	（CMB）	27		55	中度
10. 行为特征—语言	（CVB）	14		52	中度
儿童照顾者报告副测验					
1. 问题行为	（PB）	15		90	恰当
2. 个人自理	（PSC）	18	38	62	中度
3. 适应行为	（AB）	23		75	轻微

第3部分 合成分数

标准分 Standard Scores（SSs）

	CVP	EL	RL	FM	GM	VMI	AE	SR	CMB	CVB	标准分综合	百分比级数	发展/适应程度	发展年龄
沟通（C）	7	9	9								25	28	中度	20.7
体能（M）				4	11	9					24	18	严重	23.3
行为（MB）							12	10	12	11	45	58	中度	

从评估结果可以看出，乐乐的实际发展水平与同龄普通儿童相比处于中

度落后水平，他的认知及小肌肉领域发展相对落后于其他领域的发展。而这两个领域的落后会影响到该儿童的语言理解、社交及个人自理能力的发展。因此，乐乐目前阶段的康复训练应多涉及认知及小肌肉训练的内容，帮助他提高这两个领域的发展水平。在认知领域方面，乐乐认识200个左右的汉字，因此，在给乐乐进行康复训练时，可以适当运用文字提示来帮助他学习。乐乐的优势在于无明显的问题行为，并且对很多玩具感兴趣，所以在康复训练中，可以利用乐乐对玩具的兴趣来激发他的学习动机。

（二）制订个别化教育计划（IEP）

根据乐乐的评估结果，为乐乐制订了月康复计划，如表3-9：

表 3-9　乐乐的月康复计划

范畴	发展能力	目标内容	成功标准
认知	物品认知	实物和黑白图片配对	80%
		辨认5种水果（实物）	80%
		理解5种常用物品的功能	80%
小肌肉	拾放物品	用前三指抓握物品并放入指定位置	100%
	双手配合	能双手配合拼接粘贴型水果模型	100%

（三）设计工作清单

根据乐乐的个别化教育计划，为乐乐选择了以下工作内容：

1. 实物和黑白图片配对。乐乐配对完全一样的物品能力较好，但是在配对不完全一样的物品上存在困难。这说明乐乐具有一定的观察能力，但仍欠缺对物品的认知理解能力。该训练目标旨在利用乐乐在观察能力方面的优势，促进其对物品的认知和理解。

2. 理解5种常用物品的功能。乐乐已经认识了一些常用物品的名称，但是不理解物品的用途。该目标旨在帮助乐乐进一步认知已经认识名称的物品，提升其对物品的认知能力。

3. 用前三指抓握物品并放入指定位置。 乐乐的抓握能力发展较为落后，目前仍处于掌心抓握的阶段。抓握能力的落后直接影响了乐乐生活自理能力的发展。因此，抓握能力是乐乐目前在小肌肉领域极为重要的训练内容之一。该训练目标旨在通过操作练习，提高乐乐的抓握能力和手指灵活度。

4. 能双手配合拼接粘贴型水果模型。 此训练目标旨在提升乐乐的抓握能力、双手配合能力，并通过这一项练习，增加乐乐对水果的感知，为乐乐认知水果的目标铺垫经验。

根据以上目标，为乐乐制定了个人工作清单，如表3-10：

表 3-10　乐乐的个人工作清单

儿童姓名	乐乐	生理年龄	4岁		发展年龄	1岁1个月		康复教师	韦老师
康复目标		训练日期							
		2018.2.1	2018.2.2	2018.2.5	2018.2.6	2018.2.7	2018.2.8	2018.2.9	2018.2.12
1. 实物和黑白图片配对									
2. 理解5种常用物品的功能									
3. 用前三指抓握物品并放入指定位置									
4. 能双手配合拼接粘贴型水果模型									

（记录符号说明：+，独立完成；G，手势辅助；Pph，少量身体辅助；P，全身体辅助）

根据以上目标，我们为乐乐挑选了适合的视觉教具，如表3-11：

表 3-11　乐乐的视觉教具

目标	教具
1. 实物和黑白图片配对	
2. 理解5种常用物品的功能	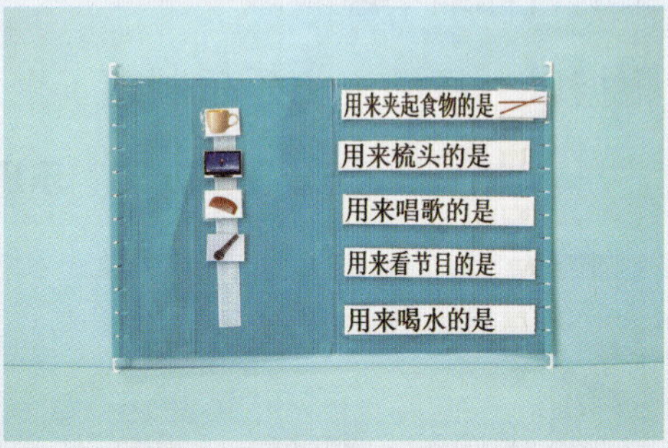
3. 用前三指抓握物品并放入指定位置	
4. 能双手配合拼接粘贴型水果模型	

（四）工作环境设置

1. 指示标识

乐乐认识200个左右的汉字，并且能够快速配对完全相同的物品。因此，可以考虑使用简单的阿拉伯数字卡片来作为乐乐个人工作的指示标识。这样既能清晰标注个人工作任务的顺序，也能让乐乐快速地知道个人工作任务的数量。

2. 空间环境的布置

乐乐有较好的物品归位能力，因此，在空间环境的布置上，可以采用具备较高物品归位能力的环境布置，如分设教具区、工作区，以强化乐乐的物品归位能力。具体如图3–3–25。

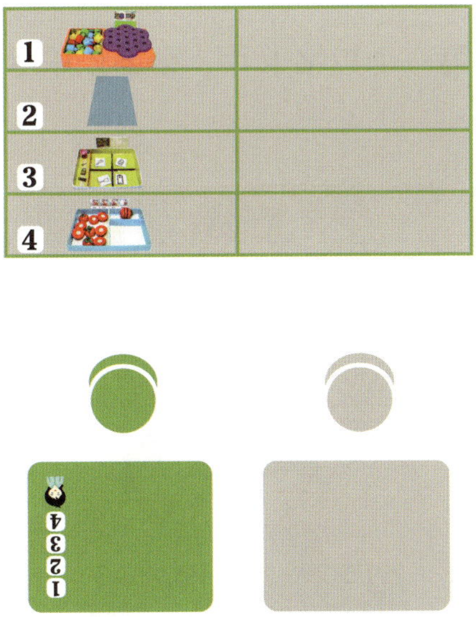

图3–3–25　乐乐的空间环境布置

（五）教导个案使用个人工作系统

1. 检视任务

教师通过数字卡片引导乐乐逐项检视个人工作任务，让他了解本次个人工作的任务量。如图3–3–26。

图3-3-26　引导乐乐检视个人工作任务

2. 启动个人工作

教师引导乐乐拿起第一个数字卡片，帮助乐乐尽快启动个人工作。如图3-3-27。

图3-3-27　引导乐乐开始个人工作

3. 配对标识

乐乐来到教具柜前，将手中的数字卡片与教具上的数字卡片进行配对。

通过标识的视觉指引，找到第一项工作教具。如图3-3-28。

图3-3-28　乐乐配对任务标识

4. 操作教具

乐乐取出第一项工作的教具，并根据视觉提示进行操作练习。如图3-3-29。

图3-3-29　乐乐操作个人工作教具

5. 将已完成的教具放回原位

乐乐将已操作完成的教具放回教具柜原处。如图3–3–30。

图3–3–30　乐乐将已完成的教具放回原位

6. 转入下一项活动

乐乐依照上述流程逐项完成个人工作任务后，教师引导乐乐检视“下一项活动”的视觉提示卡，并引导乐乐依照提示转入下一项活动。如图3–3–31。

图3–3–31　教师引导乐乐转入下一项活动

第四节　个别化日程表

个别化日程表指的是根据儿童的个别化差异需求，以视觉提示的形式向儿童说明即将发生的事情及顺序，即儿童的活动时间安排表。

个别化日程表能够帮助孤独症儿童预知即将发生的事情以及事情发生的顺序，帮助孤独症儿童尽快适应环境、建立秩序感，减轻孤独症儿童因无法预知即将发生的事情而产生的情绪行为问题。

个别化日程表能够帮助孤独症儿童理解一天中的事情变化，减轻因一些突发事件打破孤独症儿童内在秩序感而导致的适应困难和情绪行为问题。

一、制定个别化日程表

为孤独症儿童制定科学的个别化日程表需要考虑以下问题：

（一）如何确定活动

制定个别化日程表，首先要为儿童设置活动，即儿童在这一个时间单位（半天或一天）内需要进行哪些活动。在一般机构中，儿童的个别化日程表包含儿童的常规活动和康复教学活动两种类型。常规活动指的是儿童每天固定要做的一些事情，比如签到、喝水、如厕、进餐等。康复教学活动指的是机构为儿童设置的一些康复课程或治疗项目。在为儿童设置个别化日程表时，要充分考虑儿童的实际发展水平及兴趣爱好。如：某儿童喜欢球类运动，但精细发展较为落后，并且口语发音异常，那么，在为该儿童设置日程表时，如果把美工课设置在运动课的前面，儿童更容易接受；但是，如果美工课后面紧跟着语言发音练习课，那么该儿童较容易在两个连续困难的活动中受挫，进而引发情绪行为问题。

（二）如何确定长度

日程表的长度，可以用时间长度或者单位时间内活动的数量来衡量。

从时间长度上划分，可以分为半日流程日程表和全日流程日程表。半日流程日程表一次性给儿童呈现半天内所有活动的流程，全日流程日程表一次性给儿童呈现一天内所有活动的流程。日程表的长度应根据儿童能够遵循活动的时间长度来选择。具体如表3–12：

表3–12　日程表长度

长度	图示	说明
半日流程日程表		日程表呈现儿童半天内所有的活动

续表

长度	图示	说明
全日流程日程表		日程表呈现儿童一天内所有的活动

从单位时间内活动的数量来看，日程表可以设置为单个活动的日程表、两个活动的日程表以及多个活动的日程表。具体活动的数量应根据儿童能够同时处理的信息量来衡量。如果儿童的注意力很容易分散，并且还不具备扫

视的能力以及视觉辨别的能力，就应采用单个活动的日程表；如果儿童具备在两个物品间来回扫视的能力，就可以采用两个活动的日程表；如果儿童能够在多个物品间来回扫视，并且具备在多个物品中挑选出正确物品的视觉辨别和认知能力，就可以使用多个活动的日程表。具体如表3-13：

表 3-13　日程表数量

数量	图示	说明
单个活动日程表		一次只呈现一个活动信息，适合注意力非常难以集中、扫视能力弱并且缺乏视觉辨别能力的儿童。 图示中的铝板琴代表音乐课。教师在引导儿童检视日程表之前，会给儿童一张照片。儿童将照片拿到自己的日程表进行配对。随后，教师引导儿童：“看一看，接下来要做什么？”儿童拿起铝板琴，到音乐教室上课。 在日程表中，一次只给儿童呈现一个信息——铝板琴，人为地帮助儿童排除环境中的干扰。这种呈现方式，很容易把儿童的注意力引至日程表中当下要做的事情，而不需要儿童主动排除无关信息。
两个活动日程表		一次呈现两个活动信息，告诉儿童“首先……然后……”。 在日程表中呈现两个信息：音乐课（铝板琴）和浇花（花洒）。儿童拿着照片来到日程表区域。完成照片配对后，教师引导儿童：“看一下，我们首先要上音乐课（指向铝板琴），然后去浇花（指向花洒）。现在我们开始第一个活动。”儿童拿起铝板琴去上音乐课。音乐课结束后，儿童再次回到日程表进行照片配对。接着，教师引导儿童：“现在我们开始下一项活动。”儿童拿起花洒去浇花。 这种呈现方式，需要儿童能够跟随教师的指示，来回地扫视两个活动信息，并且能够把注意力集中在两个信息中的一个，同时排除另外一个信息的干扰。

续表

数量	图示	说明
多个活动日程表	    	一次呈现多个活动信息，需要儿童能够从上到下（或从左到右）扫视获取信息，并理解事件的先后次序。

（三）选择何种形式的日程表

日程表的呈现有实物、图片、文字三种形式。形式的选择要依据儿童的理解能力，以儿童看到后能够迅速接收并理解其中的信息为宜。具体如表3-14：

表 3-14　日程表形式

形式	图示	说明
实物		直接以功能性的物品或象征性的物品模型来给儿童信息提示，适合理解能力较弱的儿童。
图片		以照片或图画的形式来给儿童信息提示，需要儿童对抽象图片有一定的理解能力。

续表

形式	图示	说明
文字	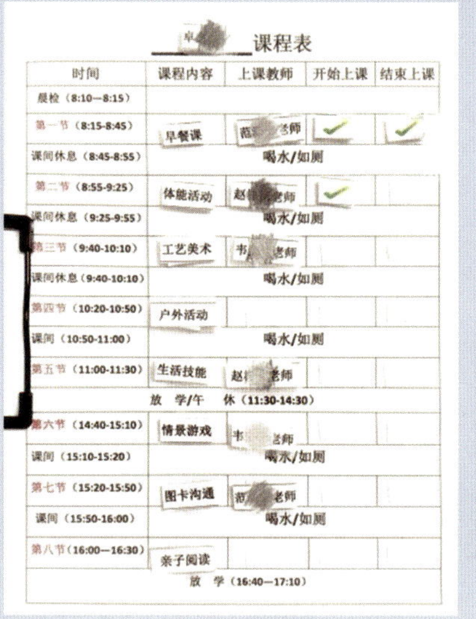	以文字的形式来给儿童信息提示，需要儿童有较好的文字阅读理解能力。

[redacted]课程表

时间	课程内容	上课教师	开始上课	结束上课
晨检（8:10—8:15）				
第一节（8:15-8:45）	早餐课	范[redacted]老师	✓	✓
课间休息（8:45-8:55）	喝水/如厕			
第二节（8:55-9:25）	体能活动	赵[redacted]老师	✓	
课间休息（9:25-9:55）	喝水/如厕			
第三节（9:40-10:10）	工艺美术	书[redacted]老师		
课间休息（9:40-10:10）	喝水/如厕			
第四节（10:20-10:50）	户外活动			
课间（10:50-11:00）	喝水/如厕			
第五节（11:00-11:30）	生活技能	赵[redacted]老师		
放　学/午　休（11:30-14:30）				
第六节（14:40-15:10）	情景游戏	书[redacted]老师		
课间（15:10-15:20）	喝水/如厕			
第七节（15:20-15:50）	图卡沟通	范[redacted]老师		
课间（15:50-16:00）	喝水/如厕			
第八节（16:00—16:30）	亲子阅读			
放　学（16:40—17:10）				

（四）如何规划日程表的放置地点

日程表的放置地点要规划好，以便于儿童查看和操作，可以固定于某一个区域，也可以是便携式的（由儿童随身携带）。采用固定式日程表，儿童每完成一项活动后需要回到固定的日程表区域检视日程表，以获取下一个活动信息；采用便携式日程表，儿童可以随身携带，随时随地可以检视日程表，获取活动信息。具体如表3-15：

表 3-15　日程表放置地点

放置地点	图示	说明
固定式（墙面）	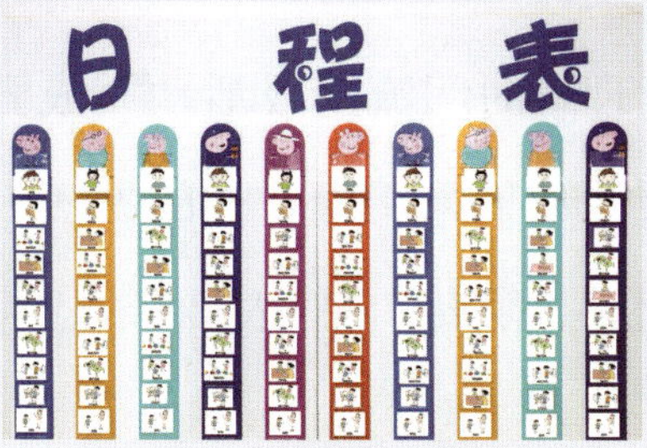	将日程表区域固定设置在某一个区域的墙上。儿童每完成一项活动都需要回到该区域获取下一项活动信息。该形式适用于多个活动日程表的儿童。

续表

<table>
<tr><th>放置地点</th><th>图示</th><th>说明</th></tr>
<tr><td>固定式
（日程桌）</td><td></td><td>将某一张桌子固定设置为儿童的日程表区域，儿童每完成一项活动都需要回到该区域获取下一项活动信息。适合采用实物形式，并且适合使用单个活动日程表或两个活动日程表的儿童。</td></tr>
<tr><td>便携式
（文件夹）</td><td>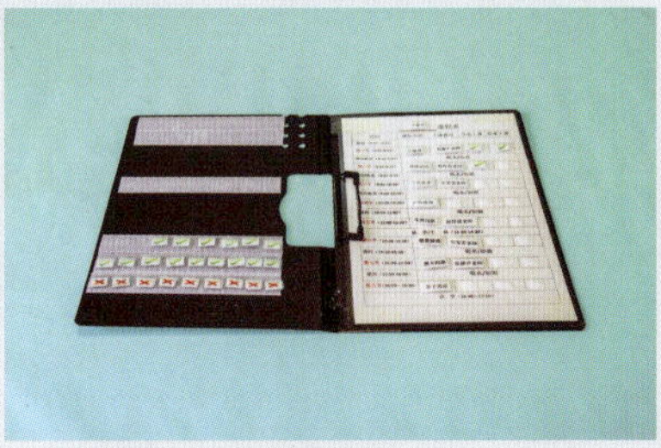</td><td>用文件夹将日程表制作成方便儿童携带的形式，儿童可以随身携带并随时检视日程表以获取活动信息。此方式需要在每一个活动区域为儿童设置日程表放置区，并需要儿童有一定的自我管理的能力，能够管理好自己的日程表，不丢失。</td></tr>
<tr><td>便携式
（电子）</td><td>
</td><td>将日程表制作成电子版，儿童可以通过携带手机或平板等便携电子设备来使用日程表。此方式更为便捷，符合社会生活习惯，但需要儿童有很好的理解能力和自我管理能力。</td></tr>
</table>

（五）日程表的管理方法有哪些

日程表的管理方法指的是让儿童理解时间流逝或活动完成概念的方式方法。简单地说，就是儿童每完成一项活动，采用什么样的方法去标记已完成的活动。常用的日程表管理方法有配对、翻转、粘贴、画线、打钩等。具体如表3-16：

表 3-16　日程表管理方法

管理方法	图示	说明
配对		在相应的活动区域设有日程卡放置区。当儿童从自己的日程表取下即将要进行的活动卡片后，根据活动卡片的视觉提示，寻找到有相同标识（实物、图片或文字）的区域，并与活动区域标识进行配对。
翻转		儿童每完成一项活动，就将该项活动的卡片翻转，代表“已完成”。使用该方式管理日程表时，可以在活动卡片背面画上儿童喜欢的图案。如图示中，在活动卡片背面画上大拇指图案，儿童翻转后看到大拇指的图案，从而明确该活动已完成。

续表

<table>
<tr><th>管理方法</th><th>图示</th><th>说明</th></tr>
<tr><td>粘贴</td><td>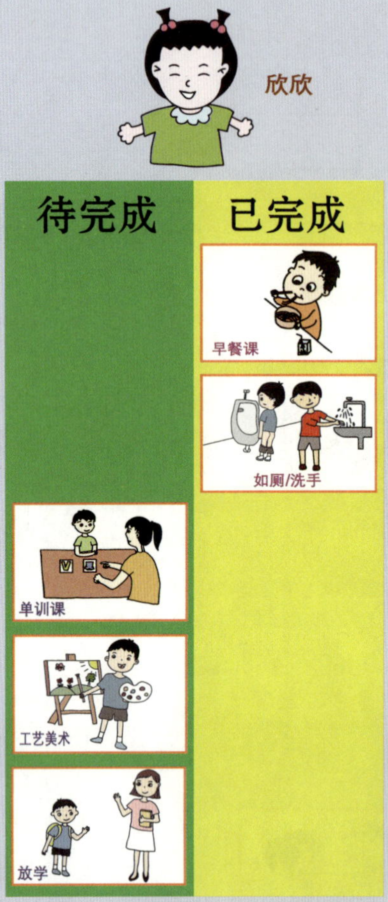
</td><td>儿童的日程表区域划分为“待完成”区域和“已完成”区域。儿童每完成一项活动后，将该项活动的卡片贴至“已完成”区域。</td></tr>
<tr><td>画线</td><td>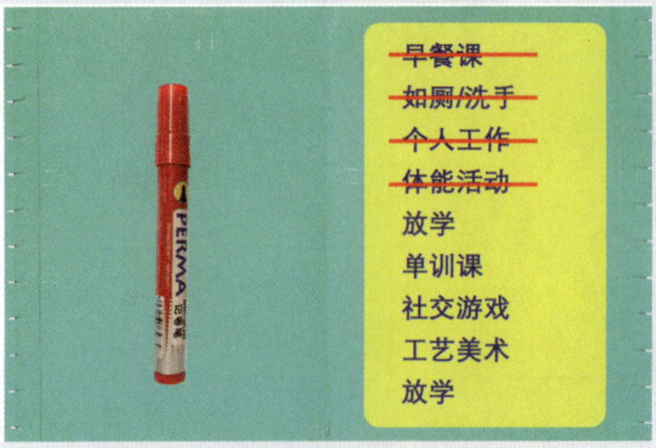
</td><td>儿童每完成一项活动，就在该活动日程上画线，以表示“已完成”。</td></tr>
</table>

续表

管理方法	图示	说明
打钩	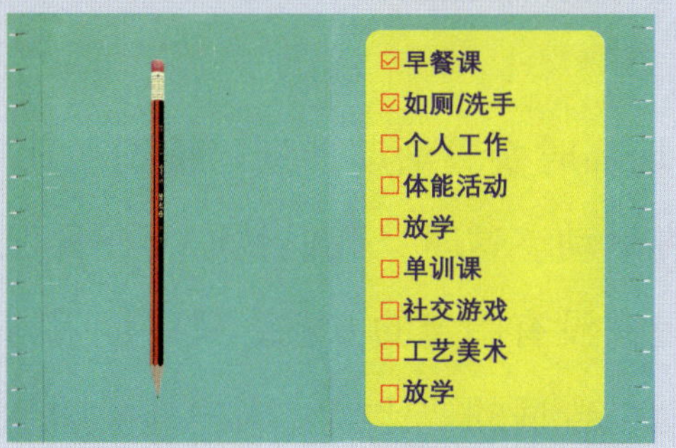	通过打钩的形式标注“已完成”的活动。
使用或消失	 	适用于实物形式的日程表。用于标识活动的物品，可以直接在活动中使用。如图示中，当儿童拿起花洒做活动时，花洒就从日程表中消失了。

（六）采用何种教学策略

教学策略是指教导儿童学习使用个别化日程表的方法。教导儿童使用个别化日程表的最终目的在于：儿童能够通过视觉提示理解活动的安排和顺序，能根据视觉提示独立完成活动流程。在开始教导儿童使用日程表时，我们需要给予儿童一定的辅助，辅助方式以最能够帮助儿童理解并且容易撤销为宜。比如，在刚开始教导儿童使用日程表时，给予儿童简短的语言辅助并同时伴随身体辅助。随着儿童对日程表使用方法的逐渐熟悉，教导者要逐渐减轻辅助的程度，直至完全撤销。

当儿童在固定的场所掌握了日程表使用的技能之后，应及时帮助儿童在不同的场所使用日程表，以使得儿童的技能得到泛化。

（七）如何体现日程变更

在日常活动中，常常会出现临时变更活动计划的情况。比如，因为天气原因临时将户外活动改为室内活动。这时，我们就需要在日程表上明确地标明日程的变更。标明日程变更并没有固定的方式，只要标明的方式能够清晰明确地向儿童传达变更信息就是合适的。比如，当户外活动改为室内活动时，我们可以通过以下方式向儿童标明日程的变更，如表3–17：

表 3–17　日程变更

日程变更符号	图示
箭头	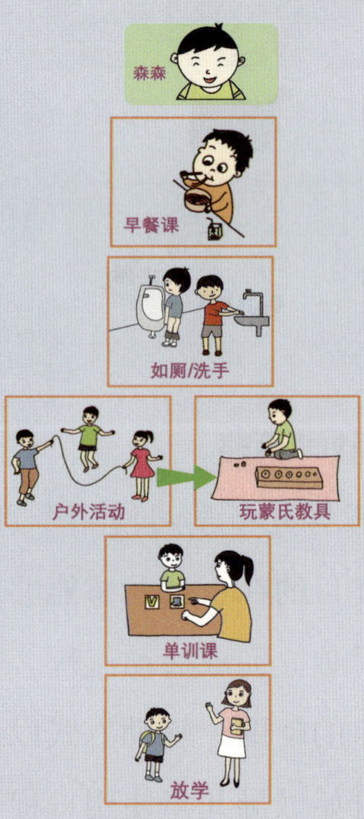

续表

日程变更符号	图示
打“×”	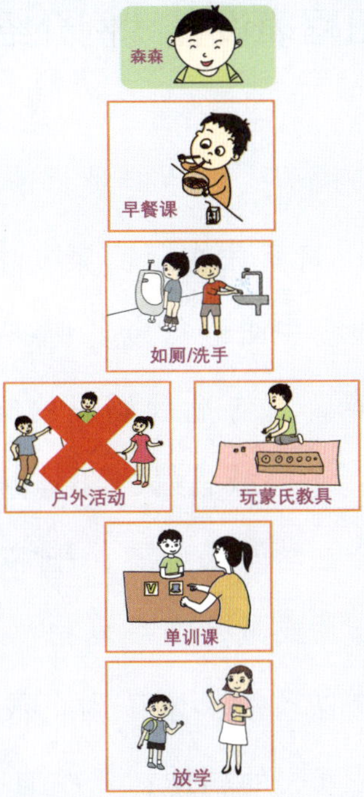
“禁止”符号	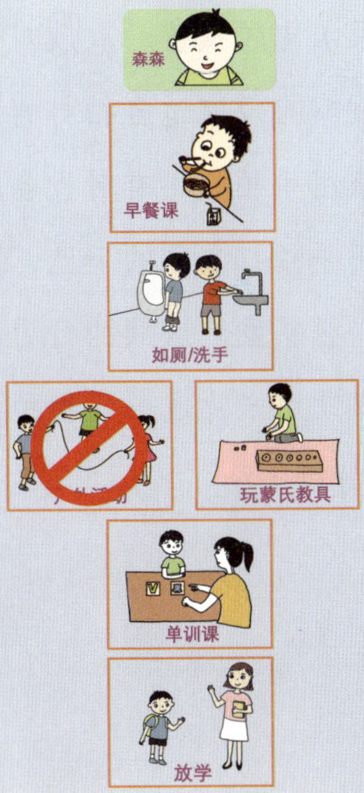

日程变更符号的选择，还要考虑儿童的接受程度。比如，有些儿童对双引号比较敏感，看到这个符号会觉得非常不舒服，那么就要避免使用。

二、个别化日程表设置案例介绍

案例一　欣欣

欣欣，女，3岁9个月，3岁时被诊断为孤独症谱系障碍，合并重度智力障碍。欣欣与父母、姐姐住在距离康复中心10千米远的居民住宅小区，平时由妈妈骑车送到康复中心进行康复训练。欣欣一直无语言、少发声，即使是哭闹时也基本无声。从与欣欣妈妈的交谈中，我们了解到，欣欣不会仿说，暂无命名能力，不会喊爸妈；不理解指令，不能辨认家里常见的物品；缺少社交技能，不会主动与人玩耍，平常都是自己一个人在空旷区域内来回走，或者自己拿着卡片或纸片在手里拍打；不会以正确的方式提要求，想要的物品能自己拿到就自己拿，拿不到也很少向大人表示想要；穿衣、吃饭、如厕等行为全部需要家长的辅助；只吃自己熟悉的几种食物，对于没吃过的食物（如饼干、糖果）比较抵抗。欣欣对新环境没有太大反应，她会自由地来回走动，边走边观察有没有适合拍打的物品，如果看到图画书、卡片、条状物时，就会拿起来用手拍打，有时也会拿来拍打自己的下巴，或放进嘴里咬一下，有时也会用手拍打自己的下巴，如果有人干扰她，不给她玩卡片或条状物，就会哭闹、扯头发。欣欣的行为问题有：不能安坐，喜欢在各种活动区域来回走动，喜欢用卡片或条状物拍打自己的手或下巴。

运用PEO框架分析：

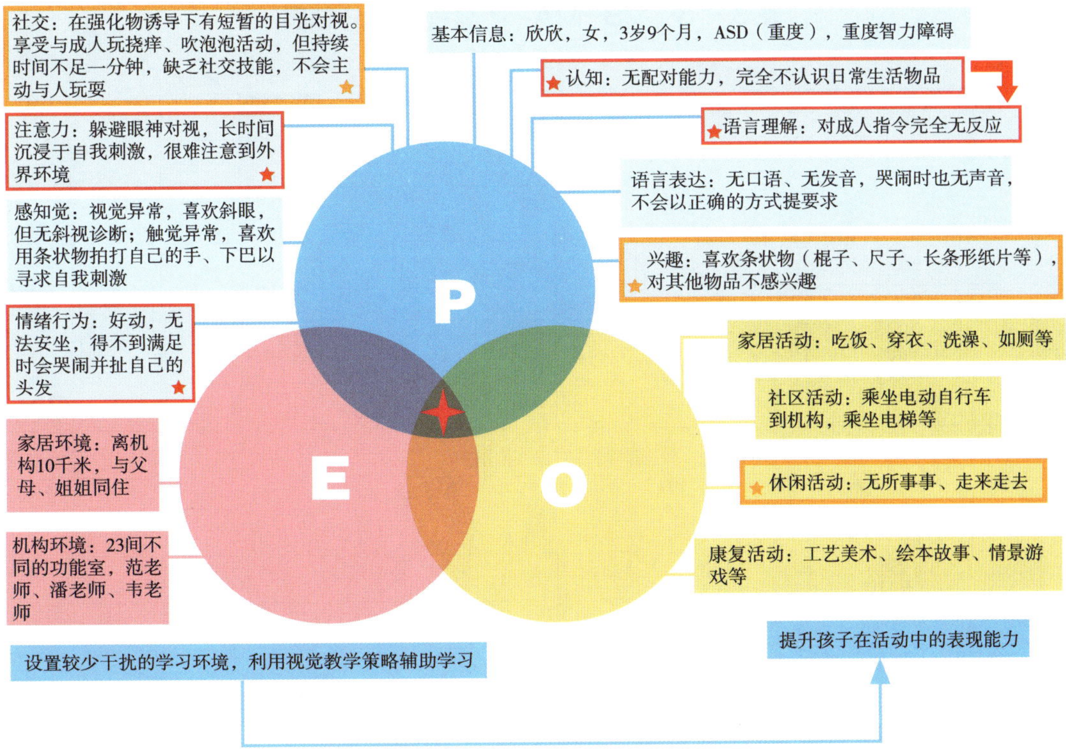

图3-4-1　欣欣的 PEO 框架分析

运用《VB-MAPP 语言行为里程碑评估及安置程序》对欣欣进行评估，评估结果如表3-18：

表 3-18 VB-MAPP 里程碑计分总表

孩子姓名	欣欣					
出生日期	2014.6.7					
测试年龄	1	45个月	2	3	4	

符号	得分	日期	颜色	测试者
第1次测试	3	2018.3.26	（绿色）	范老师
第2次测试				
第3次测试				
第4次测试				

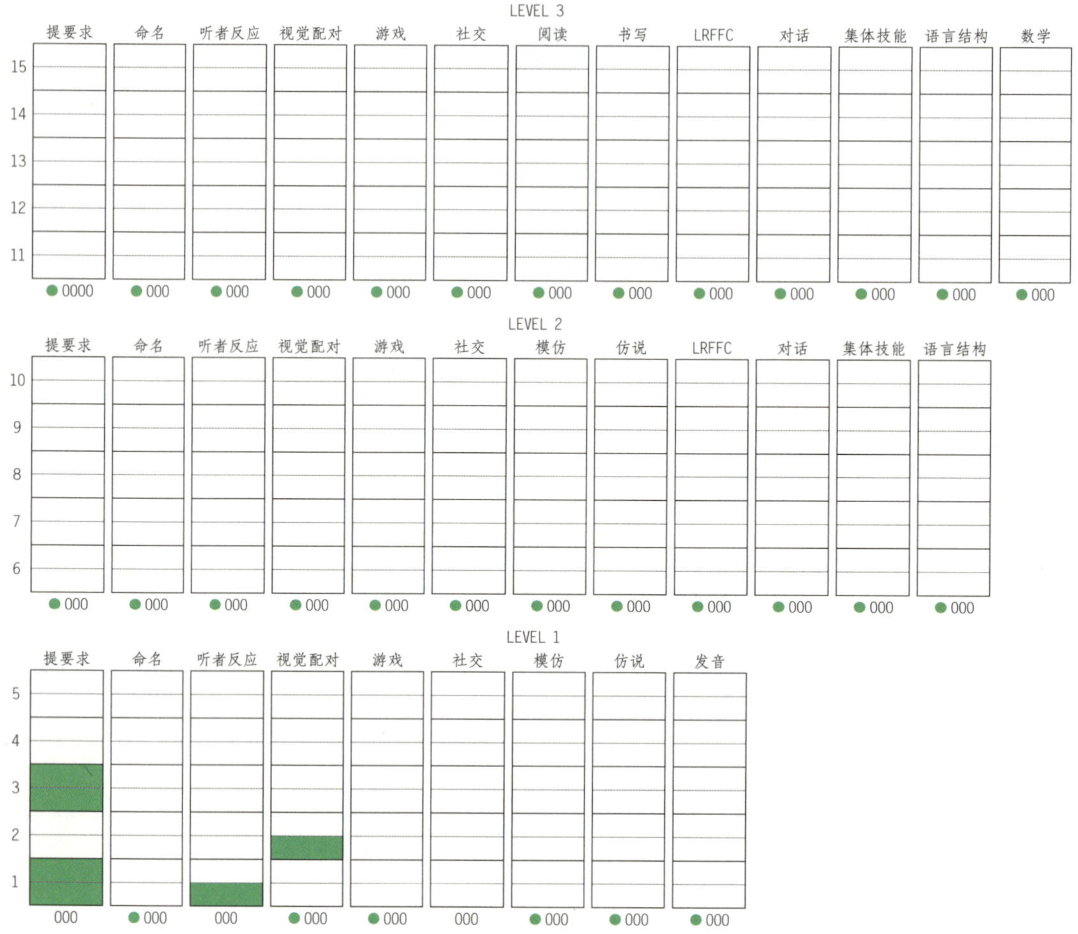

（备注：LRFFC，理解物品的功能、特性、类别）

从以上评估结果可以看出：欣欣在这次评估中，总得分为3分，实际发展年龄相当于0—18个月儿童。欣欣对个别物品有提要求的动机，对自己的名字偶尔有反应，在社交方面能短暂地享受与成人互动的过程，这些能力是欣欣相对于其他领域能力发展得较好的，在教学中可以利用这些契机来带动其他能力的学习。从评估结果上看，欣欣在各方面的能力发展极度欠缺。

综上所述，对于欣欣的康复训练，应从她日常生活活动所需的技能（自理能力）和学习前备技能（安坐、配合、人脸关注等）入手。

1. 为欣欣确定活动

早餐：结合生活中的进食活动，提高儿童使用餐具的能力、安坐能力。

吹泡泡：结合儿童的兴趣，拓展儿童对玩具的兴趣，提高儿童与人互动的动机，同时可以在这个过程中提高儿童提要求的技能。

单训教学：根据儿童的个别化教育计划，有针对性地教导儿童技能。

浇花活动：这对儿童来说是较为简单的活动，安排在较为困难的单训教学后面，可以调节儿童的学习动机，为下一个教学活动做准备，也增加儿童在休闲时间的活动选择。

2. 设计个别化日程表（如表 3–19）

表 3–19　欣欣的个别化日程表

项目	选择形式	选择原因
长度	单个活动	欣欣长时间沉迷于自我刺激，很难将其注意力引到外界环境。使用单个活动的日程表，人为地排除环境中的无关干扰，能提高欣欣关注到日程信息的成功率。
形式	实物（在活动中能直接使用的物品）	使用欣欣能够直接在活动中使用的物品作为日程提示，有助于欣欣建立日程信息与活动之间的关联。
放置地点	固定式（日程桌）	使用单独的日程桌放置欣欣的日程表。首先，欣欣每次检视日程表都需要来到固定的地方，比较容易养成进入日程区域就检视日程表的习惯；其次，单独的日程桌排除了环境中其他无关信息的干扰，有利于欣欣将注意力集中在日程信息上。
管理方法	消失	日程表采用可以让欣欣在活动中直接使用的物品作为日程信息提示，当欣欣开始活动时，日程信息（如花洒）就会从日程表中消失。这能让欣欣直观地看到日程内容的减少，从而感受到时间的流逝。

续表

项目	选择形式	选择原因
教学策略	语言＋肢体辅助	欣欣对于他人的语言，只能偶尔回应自己的名字，对于其他的语言指令毫无反应。因此，在教导欣欣使用日程表的过程中，采用直接的肢体辅助更容易帮助欣欣理解。同时，为了给予欣欣更多的语言刺激的机会，并且让欣欣有机会将语言与语言的含义（具体动作行为）相结合，提升欣欣语言理解能力，在教导的过程中，使用肢体辅助的同时，可以配合简短的语言进行说明。

欣欣的日程表如图3–4–2。

图3–4–2　欣欣的日程表图例

3. 教学策略

（1）教师将欣欣带至日程桌，并引导她检视日程表，如图3–4–3。

图3–4–3　引导欣欣检视日程表

（2）欣欣拿起勺子（代表吃早餐活动），走到进食区吃早餐，如图3–4–4。

图3-4-4　欣欣吃早餐

（3）欣欣进餐结束后，教师将欣欣的照片交给她，并引导她回到日程桌进行照片配对，如图3-4-5。

图3-4-5　将照片交给欣欣

（4）欣欣回到日程桌完成照片配对，并从日程表中拿取下一项活动标识（泡泡水），如图3-4-6。

图3-4-6　欣欣拿取下一项活动标识

（5）欣欣将活动标识（泡泡水）拿到游戏区域，并进行吹泡泡游戏，如图3–4–7。

图3–4–7　欣欣吹泡泡

（6）游戏时间结束后，教师将照片交给欣欣，并引导她回到日程桌检视日程表。

（7）欣欣回到日程桌，完成照片配对，并拿取日程标识（文件夹，代表单训课），如图3–4–8。

图3–4–8　欣欣拿取日程标识

（8）欣欣来到单训室，并开始进行单训课学习，如图3–4–9。

图3–4–9　欣欣的单训课

（9）单训课结束后，教师将照片交给欣欣，并引导她回到日程桌检视日程表。

（10）欣欣回到日程桌完成照片配对，并拿取日程标识（花洒，代表浇花活动），如图3–4–10。

图3–4–10　欣欣拿取花洒

（11）欣欣来到种植区，开始浇花活动，如图3–4–11。

图3–4–11　欣欣进行浇花活动

（12）浇花活动结束后，教师将照片交给欣欣，并引导她回到日程桌检视日程表。

（13）欣欣回到日程桌完成照片配对，并拿取日程标识（书包，代表放学），如图3–4–12。

图3-4-12　欣欣拿取书包

（14）欣欣与老师告别后回家，如图3-4-13。

图3-4-13　欣欣与老师告别

案例二　希希

希希，女，3岁，2岁2个月时父母发现其呼名无反应、不会说话、不听指令，到医院就诊时诊断为孤独症高风险，伴随轻度智力发育迟缓。希希能基本认识生活中的常见物品，能指认生活物品、动物、蔬菜、水果等实物和图片约200种，但不能用口语表达名称。希希对日常口语指令几乎无回应，但父母与其一起阅读绘本时，能对图片上的物品表示理解。希希偶尔能模仿大人说“爸爸”“妈妈”“拜拜”这三个词语，但不理解这三个词的含义。父母与希希玩游戏（如躲猫猫、挠痒痒）时，她的回应比较少，一般会走开，自顾自地玩耍，缺乏眼神注视，不关注他人的活动，也不回应他人的分享，看到喜欢的物品会想办法自己去拿，拿不到就哭闹、躺地。希希喜欢独自玩玩具，拿到玩具后随意拍、碰出声音后就放下，再去找其他玩具，玩法单一，对玩具持续关注度低（不超过5秒）；喜欢无目的地来回走、跑，爬上柜子或沙发等家具，然后从高处往下跳。

运用 PEO 框架分析：

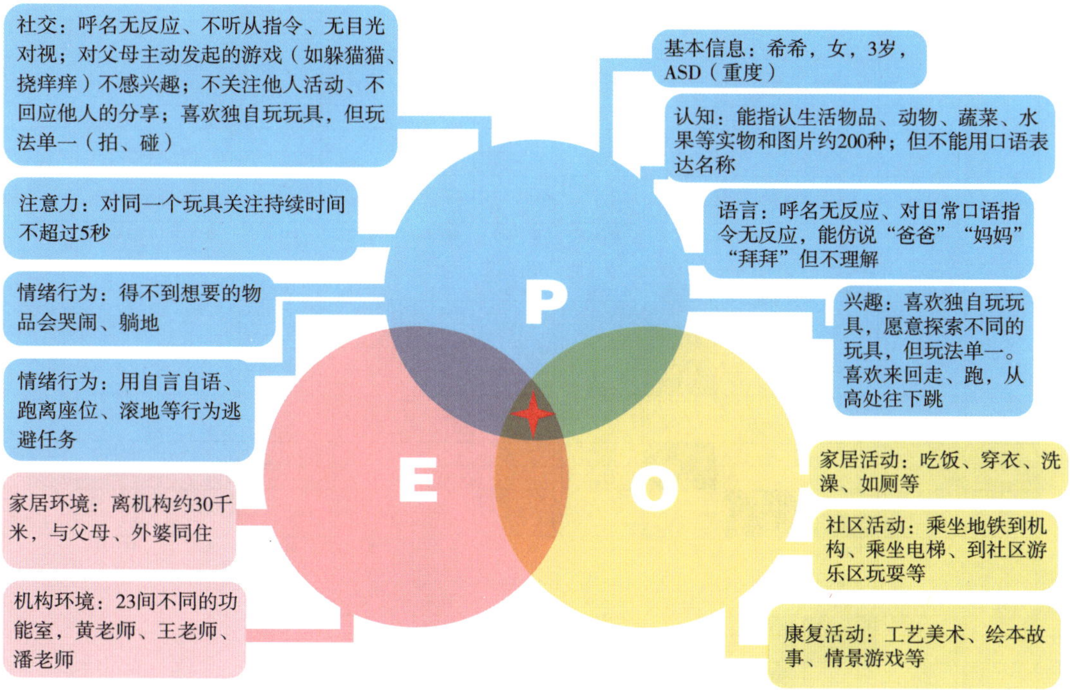

图3-4-14　希希的 PEO 框架分析

运用《VB-MAPP 语言行为里程碑评估及安置程序》对希希进行评估，评估结果如表 3-20：

表 3-20　VB-MAPP 里程碑计分总表

孩子姓名	希希
出生日期	2015.4.21
测试年龄	1 36个月　2　3　4

符号	得分	日期	颜色	测试者
第1次测试	13	2018.4.23		潘老师
第2次测试				
第3次测试				
第4次测试				

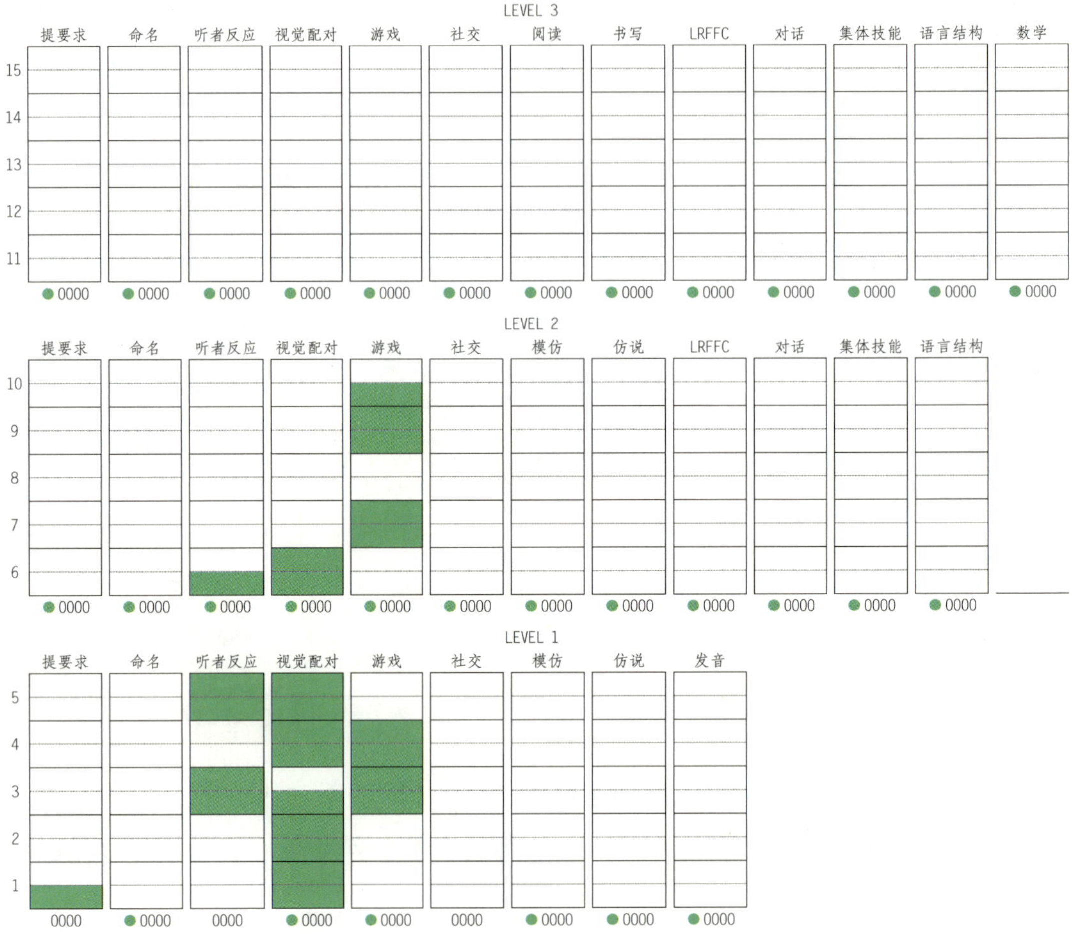

（备注：LRFFC，理解物品的功能、特性、类别）

从以上评估结果可以看出：希希在这一次评估中，总得分为13分，实际发展年龄处于普通儿童0—18个月的阶段。希希在“听者反应”及“视觉配对”中得分的项目均为有图片或实物呈现的项目，她在有视觉提示的任务上表现相对较好，在没有视觉辅助的任务（如遵循指令）上表现出理解困难。因此，在给希希进行康复训练时，可以结合视觉提示来帮助她进行学习。

评估结果显示，希希能够配对或指认物品（图片）40种，但是希希只能够用同一种方式（拉手）表示提要求。提要求是儿童所掌握的第一种沟通形式，它是唯一能够使表达者直接受益的语言行为。现阶段，希希有一定的认知理解能力，但是由于提要求能力的缺乏，影响了希希综合能力的发展。同时，希希的前备技能（安坐、配合、人脸关注等）的不足是现阶段影响希希发展的主要障碍。

综上所述，希希现阶段的康复训练应围绕发展希希的前备技能和提要求技能而开展。

1. 为希希确定活动

早餐：结合生活中的进食活动，提高儿童使用餐具的能力、安坐能力。

如厕：满足儿童的生理需求，同时练习儿童的生活自理技能（如厕）。

单训教学：根据儿童的个别化教育计划，有针对性地教导儿童学习前备技能，并通过在游戏中引导，发展儿童的提要求能力。

玩具时间：给予儿童的休闲放松时间，调节儿童的学习动机，为下一个教学活动做准备。同时，该儿童对玩具感兴趣但玩法单一，在该活动环节中可以适当地引导儿童拓展玩具的玩法。

图卡沟通：运用图卡兑换沟通系统（简称PECS），发展儿童的提要求能力，提高儿童与人沟通的动机。

2. 设计个别化日程表（如表3–21）

表3–21　希希的个别化日程表

项目	选择形式	选择原因
长度	多个活动（半天流程）	希希在有视觉提示的情况下，能够执行一些指令。希希在多张日程表图片中能找到当前活动的图片，因此她可以采用多个活动的日程表。

续表

项目	选择形式	选择原因
形式	图片	结合视觉提示的情况，希希能够理解和辨认图片，因此采用图片的日程表形式能够方便希希理解。
放置地点	固定式（墙面）	希希注意力持续时间较短（不超过5秒），采用固定式的日程表，能够帮助希希养成在特定区域开展特定活动的习惯，并有利于希希集中注意力检视日程表。
管理方法	配对	希希有较好的图片配对能力，因此采用配对的形式有助于管理自己的日程表。
教学策略	语言＋肢体辅助	希希在有视觉提示的情况下可以执行一定的指令。因此，在教导希希使用日程表时，可以以语言辅助为主，用简短的指令给予希希引导，同时，在希希表现出对语言指令理解困难时，给予少量的肢体辅助，以帮助希希顺利理解指令。

希希的日程表如图3–4–15。

图3–4–15　希希的日程表

3. 教学策略

（1）签到。希希将自己的照片贴在签到墙上，进行签到，并从照片框中取出“衔接卡”，如图3–4–16。

图3–4–16　希希签到

（2）检视日程表。希希拿着“衔接卡”，找到贴有自己照片的日程表区域，并将“衔接卡”放入相应的卡槽。随后，希希从上至下检视日程表的活动内容，如图3–4–17。

图3–4–17　希希检视日程表

（3）开始第一项活动“早餐课”。

①希希从日程表上取出第一项活动卡片“早餐课”，如图3-4-18。

图3-4-18　希希取出“早餐课”活动卡片

②希希找到贴有“早餐课”标识的教室，并将手上的活动卡片与“早餐课”标识进行配对，如图3-4-19。

图3-4-19　希希将卡片配对

③希希开始进行早餐活动，如图3-4-20。

图3-4-20　希希吃早餐

④早餐活动结束后，教师将“衔接卡”交给希希，并引导希希回到日程表区域检视日程表，如图3-4-21。

图3-4-21　教师将“衔接卡”交给希希

（4）希希拿到“衔接卡”后，回到日程表区域，将“衔接卡”进行配对后，检视日程表，并取出下一项活动的卡片，开始下一项活动，如图3-4-22。

图3-4-22　希希取出下一项活动卡片

（5）当依次进行到最后一项活动“放学”时，希希取出“放学”活动卡片，并将“放学”卡片交给老师后，与老师告别，如图3-4-23。

图3-4-23　希希与老师告别

第四章

结构化教具的设计

第一节　结构化教具设计的基本原则

结构化教具是结合孤独症儿童的学习特点，运用结构化基础理论指导设计与孩子目标相一致的具有结构化特点的教具，帮助孤独症儿童运用视觉学习优势特征，有组织、有计划、系统地运用视觉提示元素，引导儿童理解环境与教导者的指令或要求。在进行结构化教具设计时，我们要遵循以下原则：

1. 结构化教具制作应遵循在 PEO 理论框架指导下，立足于孩子的活动需要，充分考虑环境因素，通过康复训练提高孩子的能力，从而提高孩子在活动中的表现力。例如，一个孩子在日常活动中不能自行穿衣服，经任务分析，发现孩子是在“系扣子”这个活动单元有困难，而“穿衣服”这个活动是孩子日常活动的需要，那么，把“系扣子”这个难点作为孩子需要锻炼的能力。“系扣子”属于小肌肉能力范畴，在锻炼孩子“系扣子”的能力时，通过运用特别设计的结构化教具（教具属于环境因素），促进孩子“系扣子”所需要的小肌肉能力的发展与巩固，最终的目的是提高孩子“穿衣服”的能力。

2. 结构化教具设计中，每一个教具均有明确的目标。学龄前孤独症儿童和普通学龄前儿童应遵循的发展规律一样，需要结合学龄前儿童的发育发展特点。但教具不同于一般的玩教具，孤独症儿童的教具应充分结合孤独症群体的视觉优势特点，在设计上突出结构化元素与要求，因此，结构化教具的设计应立足于孩子的日常活动需要，充分结合语言表达能力发展、情绪行为能力发展与社交能力发展等方面的领域。结构化教具可以从以上的任意一个发展领域去设计与制作。根据多年的开展经验，学龄前孤独症儿童的主要运用领域集中在小肌肉能力、生活自理能力、认知理解能力、语言理解能力、情绪与社交能力等五个能力发展范畴（如图4-1-1）。每一位教师拿到一个结构化教具，都能从这个教具中体现的视觉组织安排、视觉提示、视觉澄清元素来指导此教具的目标。教具目标如锻炼双手配合能力、锻炼手眼协调能力、锻炼实物与卡片的配对能力、提高数与量的匹配能力、帮助孩子理解基本情绪能力等。

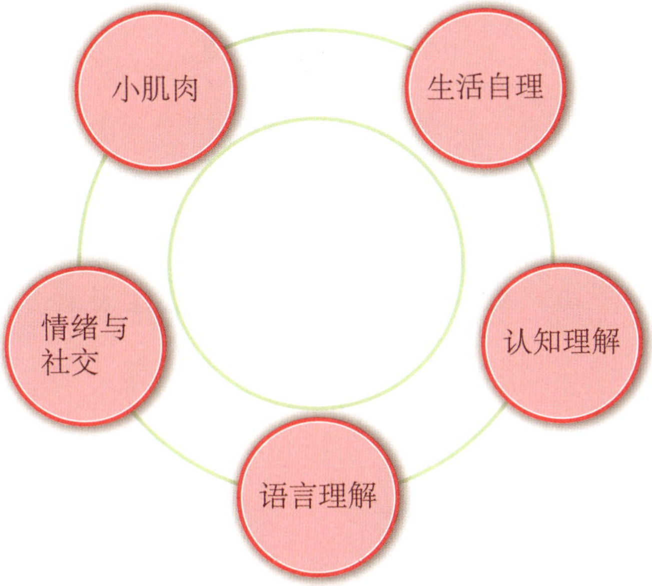

图4-1-1　五个能力发展范畴

3. 结构化教具设计充分体现视觉结构的三个方面：视觉组织、视觉提示和视觉澄清。视觉组织是指有计划、有组织地呈现物品，通过空间组织结构有目的地将孤独症儿童的关注焦点引向重要信息，包括整理、限定、固定、分段这四种形式。视觉提示是指通过有目的地呈现某些视觉信息，以帮助学生制定一个系统的策略，把单独的任务按照正确的顺序组合起来，包括书面提示、图片提示、示意模型、嵌板工具、材料定义任务。视觉澄清是指通过强调信息、明确位置、强调完成等方式将儿童的注意力引向重点信息，以帮助儿童理解任务要求。（详细介绍见第三章第二节）

4. 结构化教具设计应结合孩子的兴趣。根据评估的信息，运用PEO框架了解孩子的优势和兴趣点，对结构化教具进行设计，以激发孩子进入活动任务的动机和兴趣，提高他们的参与性，从而促进孩子完成目标活动或独立完成工作任务。例如，把孩子喜欢的材料或卡通形象运用进来，如图4–1–2。

图4–1–2 “理发”教具

第二节 结构化教具设计的程序

设计结构化教具，应遵循结构化教具设计原则，设计流程如图4–2–1。具体设计流程如下。

1. 确定能力范畴。明确结构化教具的范畴，进行能力分析，以此为基础，作为指导结构化教具制作流程的所有步骤。

2. 选定目标。从孩子该能力范畴的IEP中选定教具的目标。

3. 教具设计。立足于孩子的活动需要，结合以上两项，进行教具设计，设计原则应贴合孩子的能力范畴与目标，符合结构化程序制作原则，教具的设计充分体现科学、实用、安全、创新的原则。

4. 使用检测。教具制作完成后，进行实践使用反馈，检测该教具是否符合设计要求及原则。（具体教具反馈参考附录）

5. 教具使用。根据孩子的活动需要，投入使用。

6. 使用反馈。使用过程中，定期反馈该教具的使用情况及应改善的地方，以总结教具设计的经验。

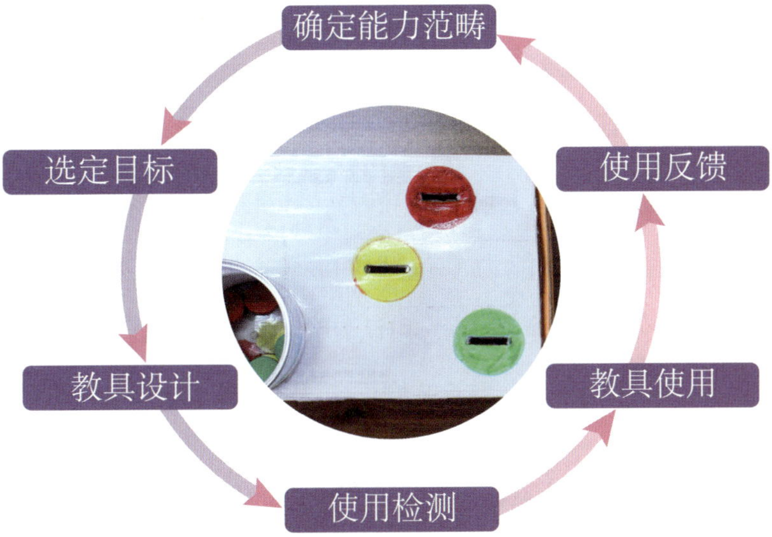

图4-2-1　结构化教具设计流程

下面以小肌肉能力发展范畴与生活自理能力发展范畴的结构化教具设计及使用为例，设计步骤如下。

例1　小肌肉能力发展范畴的结构化教具设计及使用

（1）什么是小肌肉能力？

小肌肉能力是指运用手臂和手腕作为稳定身体的支持点，继而用手掌和手指头的肌肉来进行精细复杂的活动，这与儿童的日常活动息息相关，因为孩子的日常活动无不需要双手来完成，如穿衣、刷牙、梳洗、进食、书写、画画、做手工、玩玩具等。如图4-2-2。

图4-2-2　双手与儿童的活动息息相关

比如，孩子要完成“穿T恤”这个活动，需要综合感知觉调节与辨别、肌能（包括躯干控制能力、上肢稳定能力、上肢姿势及稳定能力、手腕姿势及灵活运用能力）、小肌肉能力（包括手部基本抓握、前三指抓握、手眼协调、双手协调及物件操作等能力）和认知能力（物件概念、因果关系、“穿T恤”流程等），见图4-2-3。“穿T恤”流程见图4-2-4。

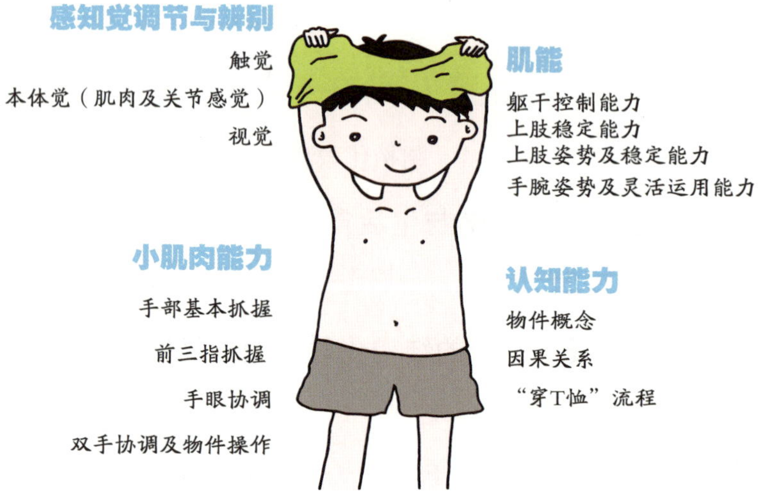

图4-2-3　“穿T恤”活动所需能力

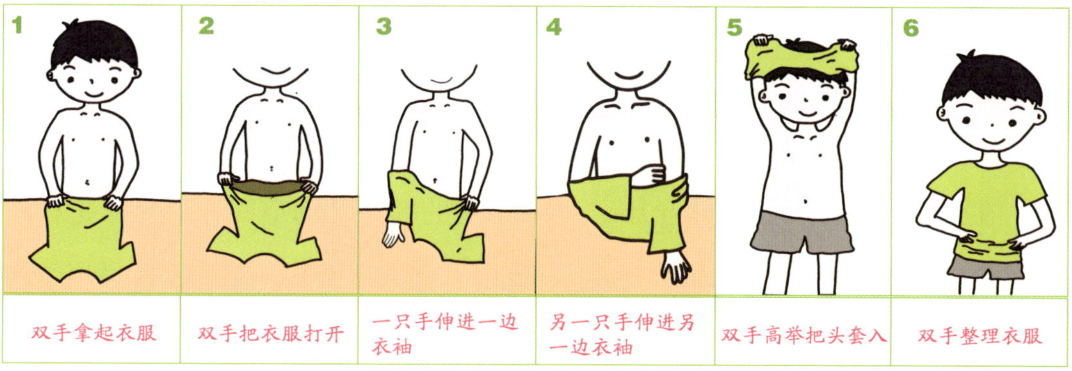

图4–2–4　“穿T恤”流程

结合应用行为分析法中的“任务分析法”对“穿T恤”活动进行活动任务分析，如图4–2–5。

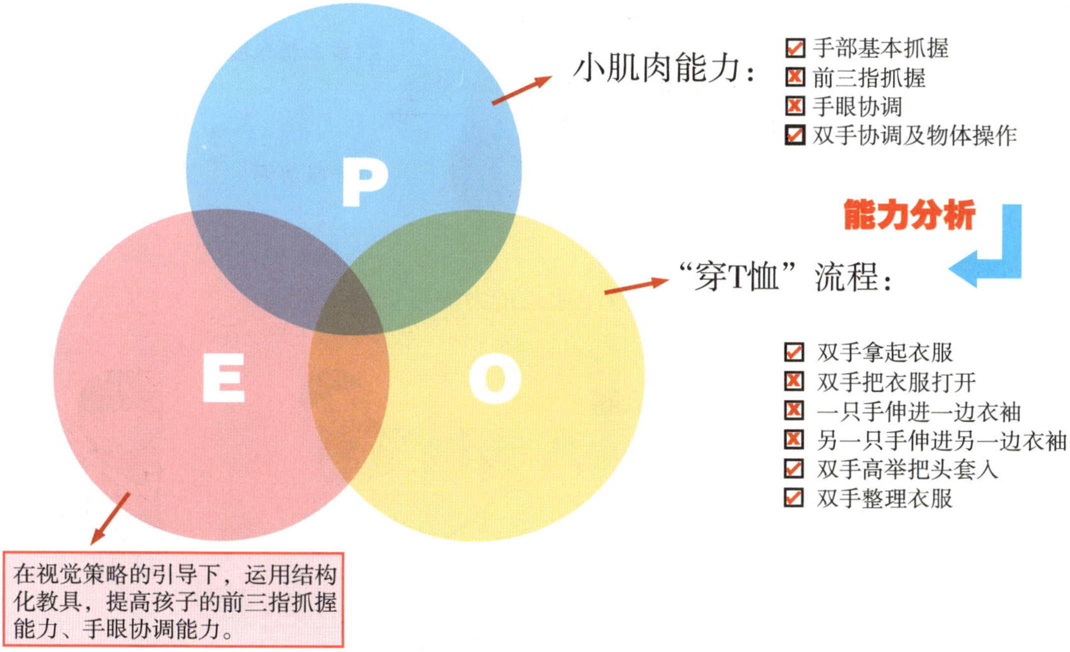

图4–2–5　“穿T恤”PEO分析

完成“穿T恤”活动任务分析后，评估了解孩子完成这项活动已经具备的能力，以及需要掌握的能力，根据需要掌握的能力制定目标，如以提高孩子的前三指抓握能力为目标，就可运用视觉策略手段制作结构化教具。在视觉策略的引导下，让孩子运用制作的结构化教具，锻炼其前三指的抓握能力，以促进此项活动的完成。

（2）视觉策略呈现

在视觉组织上，按从上至下、从左到右的顺序整理空间和物品，把孩子需要整理的材料分成“材料区”和“完成区”，运用限定技术清晰呈现“材料＋完成”的匹配，即材料区的物品该放置哪里。在视觉提示上，用“材料定义任务”和“完成图”提示，引导孩子理解环境与教导者的指令或要求，通过完成此活动的过程，达到锻炼前三指抓握能力的目标。见图4–2–6。

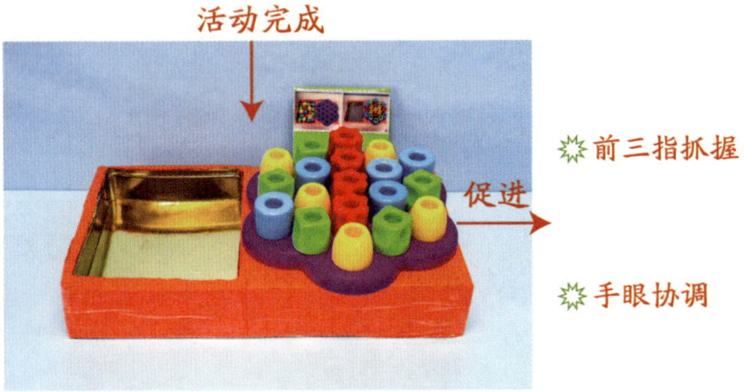

图4–2–6　锻炼小肌肉能力的视觉策略呈现

例2　生活自理能力发展范畴的结构化教具设计及使用

（1）什么是生活自理能力？

自理，指自我照顾能力。孩子在日常活动中必须具备一定的技能，这是独立生活的基础，包括进食、梳洗、如厕等家居能力，以及孩子在社区活动中使用公共设施的能力。见图4–2–7。

图4–2–7　孩子必须具备的自理能力

比如，孩子要完成“用勺子进食”这个活动，需要综合感知觉调节与辨别、肌能（包括躯干控制能力、上肢稳定能力、上肢姿势及稳定能力、手腕姿势及灵活运用能力）、小肌肉能力（包括手部基本抓握、手眼协调、手抓握、双手协作及物件操作等能力）和认知能力（物件概念、因果关系等）。见图4-2-8。“用勺子进食”流程见图4-2-9。

图4-2-8　孩子完成“用勺子进食”所需能力

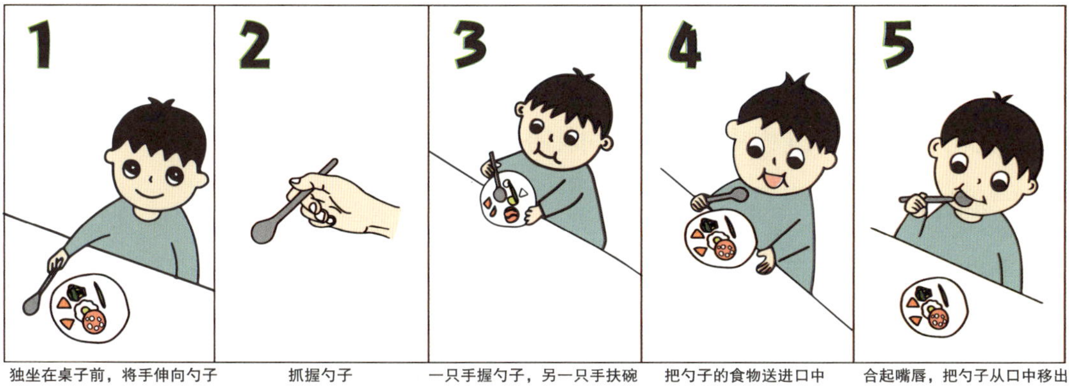

图4-2-9　“用勺子进食”流程

结合应用行为分析法中的“任务分析法”对“用勺子进食”活动进行活动任务分析，如图4-2-10。

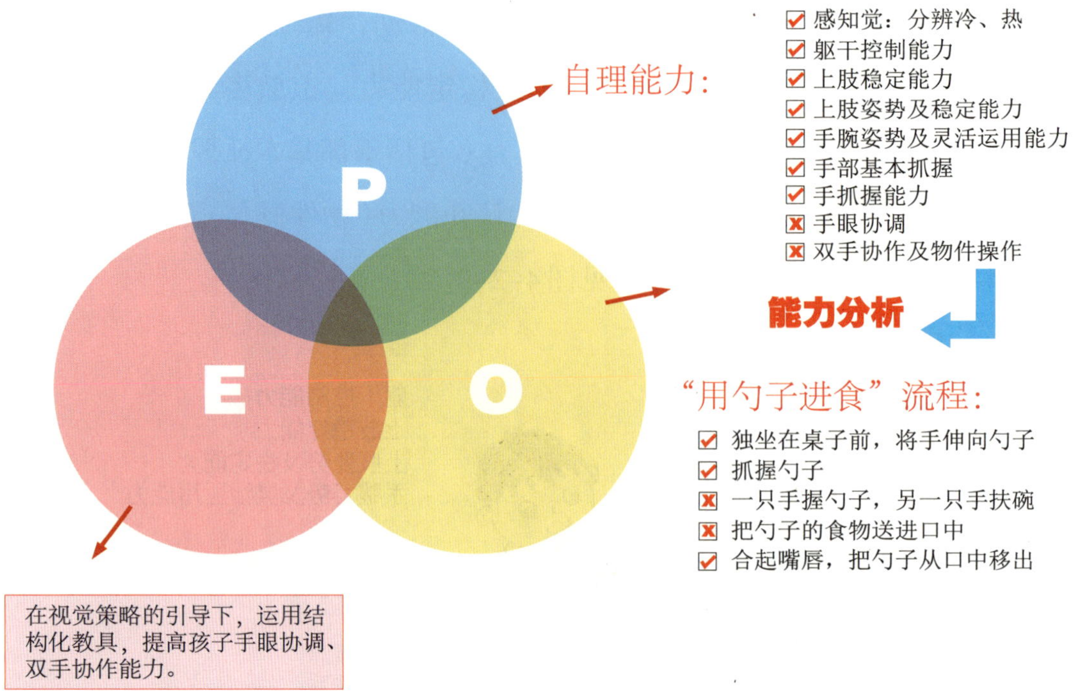

图4-2-10 “用勺子进食”PEO分析

完成“用勺子进食”活动任务分析后，评估了解孩子完成这项活动已经具备的能力和需要掌握的能力，根据需要掌握的能力制定目标，如以提高孩子的小肌肉能力为目标，制作结构化教具。在视觉策略的引导下，让孩子在运用结构化教具的过程中，锻炼手眼协调能力及双手协作能力，从而促进此项活动的完成。

(2) 视觉策略呈现

在视觉组织上，按从上至下、从左到右的顺序整理空间和物品，把孩子需要完成的材料分成“材料区”和“完成区”；运用固定物品技术清晰呈现“材料＋完成”的匹配，即材料区的物品该放置哪里。在视觉提示上，用“示意模型”提示，引导孩子理解环境与教导者的指令或要求，通过完成此材料活动的过程，达到锻炼手眼协调能力及双手协作能力的目标。见图4-2-11。

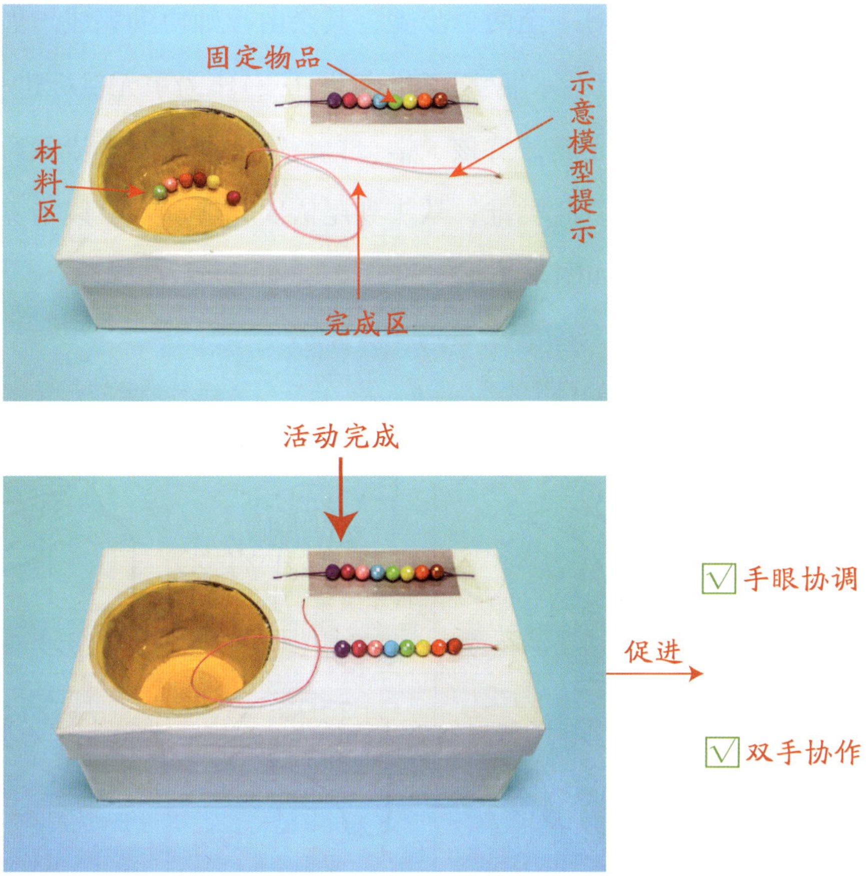

图4-2-11　锻炼手眼协调、双手协作能力的视觉策略呈现

在生活自理活动中，很多目标需要完成多个连续的步骤，在运用此策略过程中，可结合应用行为分析法中的任务分析法、塑造法、连环法等，帮助孩子完成整套的流程。

如“洗手”活动，运用任务分析法，可将其分解为:（1）打开水龙头;（2）打湿双手;（3）挤洗手液;（4）搓手;（5）冲干净双手;（6）关水龙头;（7）擦干双手。结合孩子的能力，采用连环法来给孩子设置康复环节，按顺序或倒序每次只练习一到两个步骤，其余由教师协助完成，最后达到完成7个步骤的整套流程，以此来发展“洗手”活动中的能力需要。

顺序连环法：根据“洗手”活动的7个步骤，由最先的步骤至最后的步骤来进行训练，每次只练习一至两个步骤，其余由教师协助完成。如教师先将第一步和第二步（即“打开水龙头”和“打湿手”）作为单元目标进行教学，其余步骤由教师辅助孩子完成，待孩子学会自行完成前面两个步骤后，再进行第三、第四步的教学，以此类推，从头到尾依次完成训练，以培养孩子掌握“洗手”的活动技能，如图4-2-12。

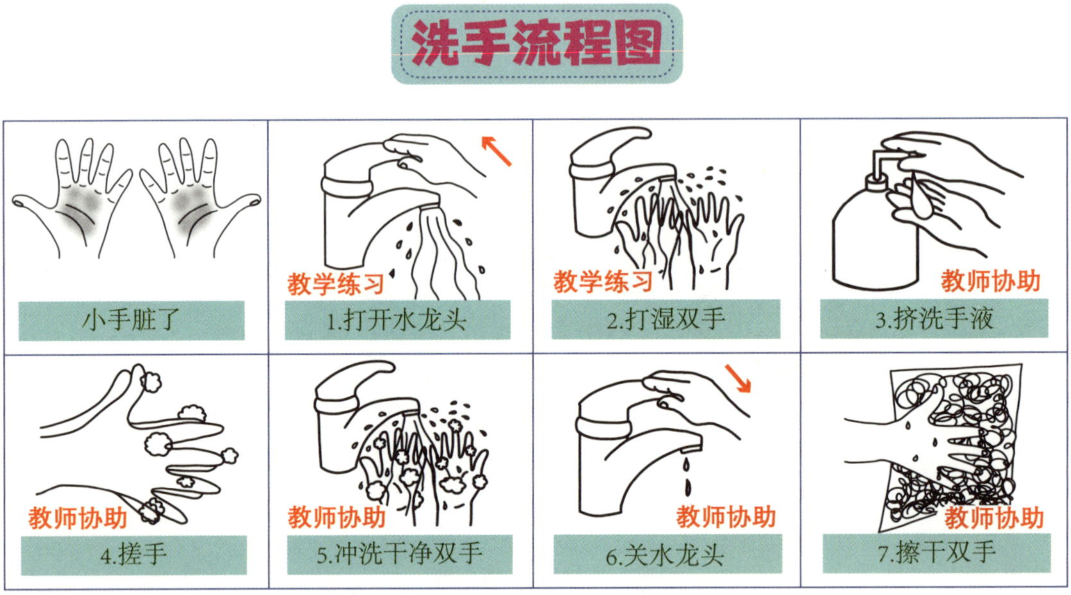

图4-2-12　顺序连环法

倒序连环法：根据“洗手”活动的7个步骤，由最后的步骤至最先的步骤来进行训练，每次只练习一至两个步骤，其余由教师协助完成。如教师先将第六步和第七步（即“关水龙头”和“擦干双手”）作为单元目标进行教学，其余步骤由教师辅助孩子完成，待孩子学会自行完成最后两个步骤后，再进行第四、第五步的教学，以此类推。采用这种教学方法的好处是使孩子明白什么样的活动表示完成了这个流程，从而体验到完成这个目标活动的成就感。

第三节　各能力发展范畴结构化教具展示

结构化教具的设计应充分考虑孤独症儿童的学习特点，把其学习特点作为教学引导策略，通过清晰的视觉结构，帮助孩子理解结构化教具活动中的元素或信息。运用结构化教具完成活动任务的过程可以锻炼和发展孩子的能力，提高孩子在活动中的表现力。

孤独症儿童的康复过程遵循的是个别化康复教育原则，因此每一位孤独症儿童的目标都不一样。但在实践过程中发现，市场上的玩教具因其结构性不强，孩子的独立操作能力弱，效果不佳。因此，我们应结合孩子的目标，制作结构化强的教具，推动康复教学的开展和孩子独立工作能力的发展。大部分制作结构化教具的材料来自生活中的常见物品，如各种盒子、瓶罐、常见生活用品、文具、玩具等，我们会把从市场上买到的玩具拆分或组合，再进行结构化的设计和制作。

本节从小肌肉能力发展范畴、生活自理能力发展范畴、认知理解能力发展范畴、语言理解能力发展范畴、情绪与社会能力发展范畴等方面，展示一些康复机构自制的孤独症儿童常用的结构化教具。需要强调的是，虽然每一个教具都是根据结构化教具设计的程序（详见第四章第二节）设定的，但是一个结构化教具所能发挥的作用，与孩子的需要、教师的灵活运用、在不同情景的灵活运用有很大的关系，因此，一个教具除了实现主要目标，还可以举一反三地运用，实现有效教学。另外，这些结构化教具不仅适合在康复机构的教学中使用，也适合在家庭训练中使用。

1. 小肌肉能力发展范畴结构化教具（如表 4–1）

表 4–1　小肌肉能力发展教具

名称	目标	教具展示	
毛毛虫	触觉刺激 前三指抓握 双手配合	开始	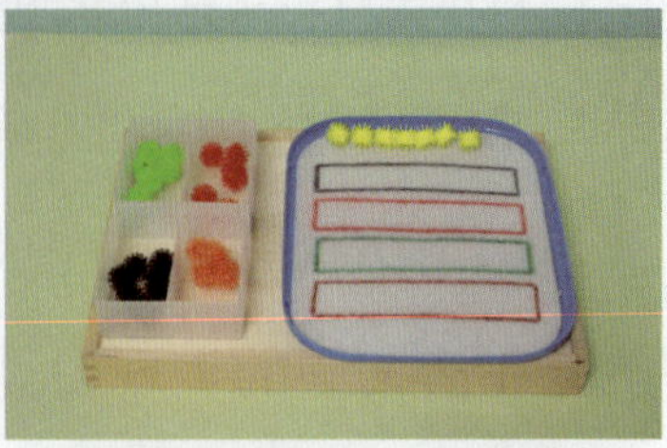
		完成	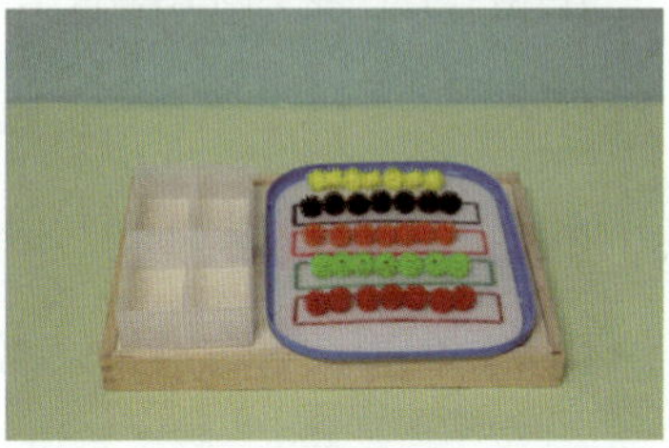
蔬菜拼	伸手拾取物品 手眼协调 双手配合 手指力度	开始	
		完成	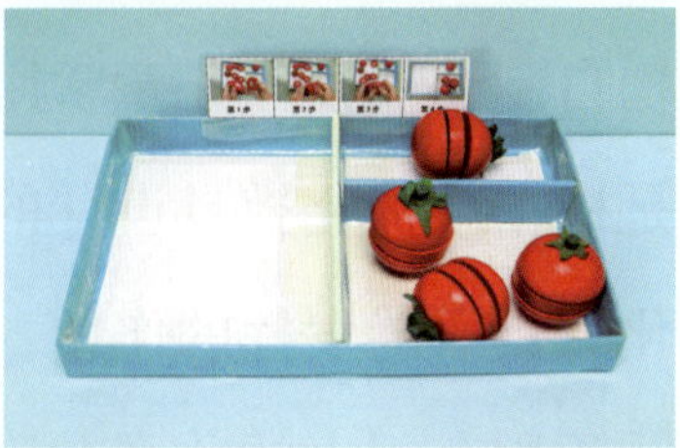
拼接圈圈	手指灵活度 前二指抓握 手眼协调	开始	

续表

名称	目标	教具展示	
拼接圈圈	手指灵活度 前二指抓握 手眼协调	完成	
绳子穿扣子	前二指抓握 前三指抓握 双手配合 手眼协调	开始	
		完成	
涂色	握笔练习 手腕灵活度 画画技能 空间概念	开始	
		完成	

续表

名称	目标	教具展示	
剪苹果图形	使用剪刀 双手配合 手眼协调	开始	
		完成	

2. 生活自理能力发展范畴结构化教具（如表4-2）

表 4-2　生活自理能力发展教具

名称	目标	教具展示	
吃火锅	使用筷子	开始	
		完成	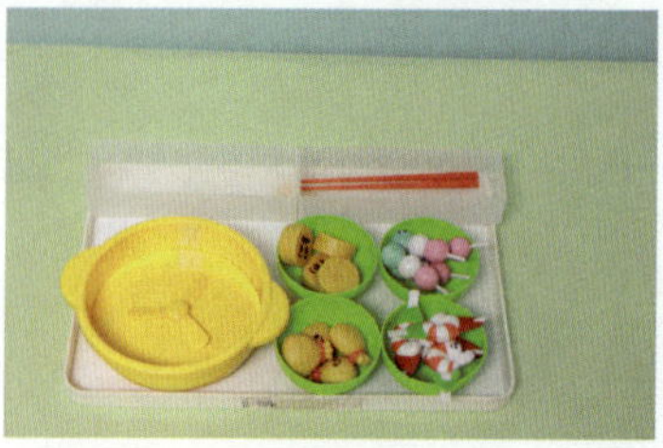

续表

名称	目标	教具展示	
撕开糖果包装袋	前三指抓握 手指力度 双手配合	开始	
		完成	
系扣子	穿衣技能	开始	
		完成	
打扫	使用清洁用具	开始	

续表

名称	目标	教具展示	
打扫	使用清洁用具	完成	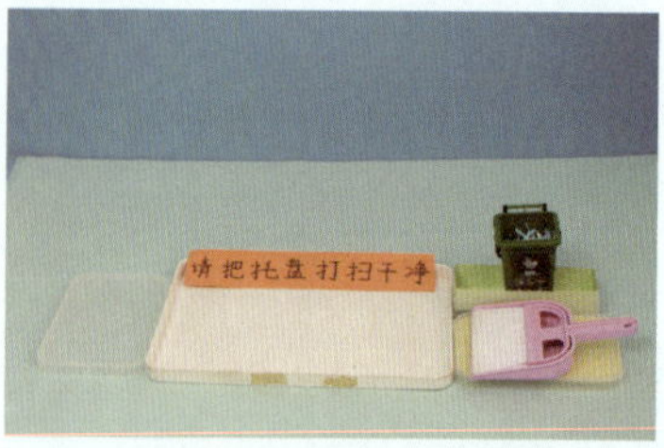
收拾笔盒	个人物品收拾	开始	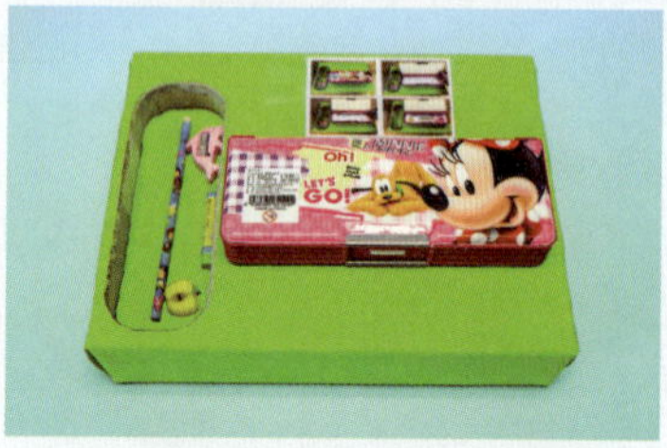
		完成	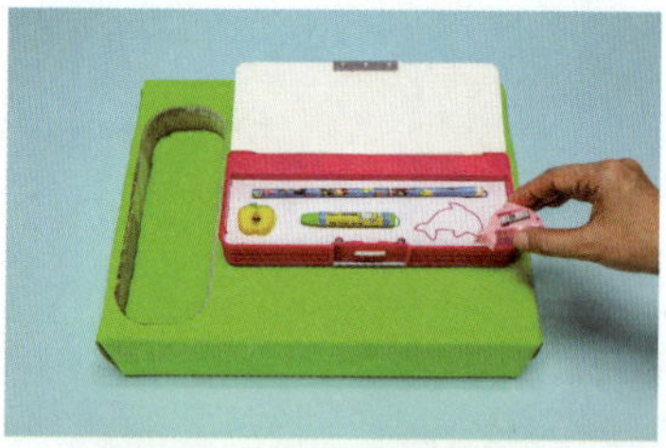
乘电梯	使用公共设施	开始	
		完成	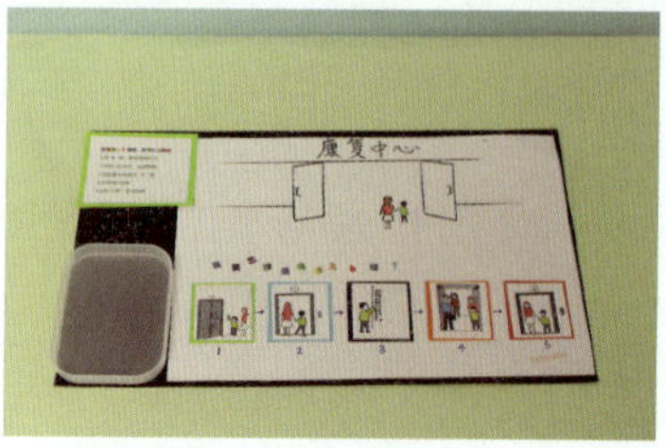

3. 认知理解能力发展范畴结构化教具（如表4-3）

表 4-3　认知理解能力发展教具

名称	目标	教具展示	
配对乐（1）	相同形状配对	开始	
		完成	
配对乐（2）	相同物件配对	开始	
		完成	
分类	垃圾分类	开始	

续表

名称	目标	教具展示	
分类	垃圾分类	完成	
叠模型	物件立体空间概念 物体部分与整体概念	开始	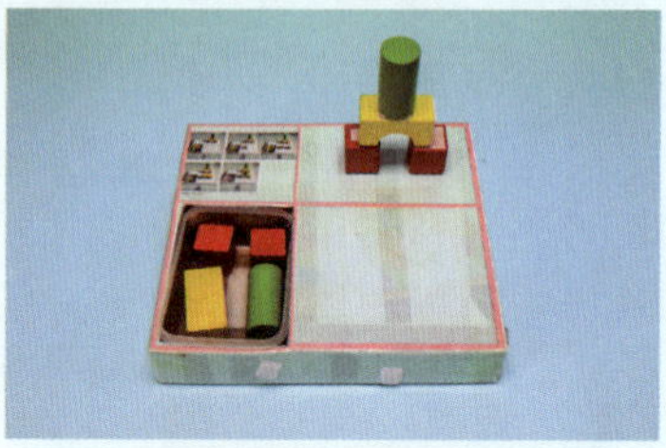
		完成	
量一量	使用尺子测量	开始	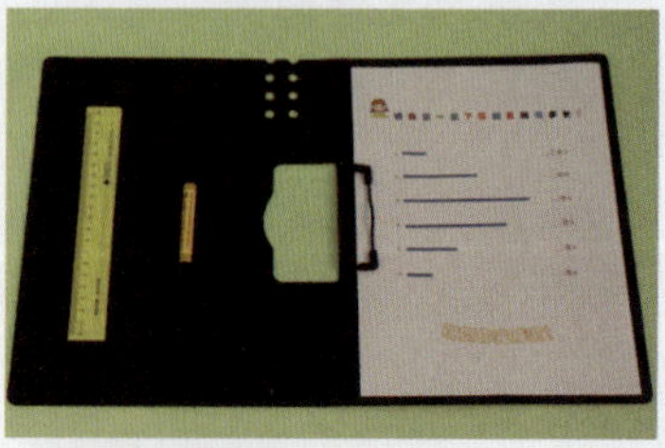
		完成	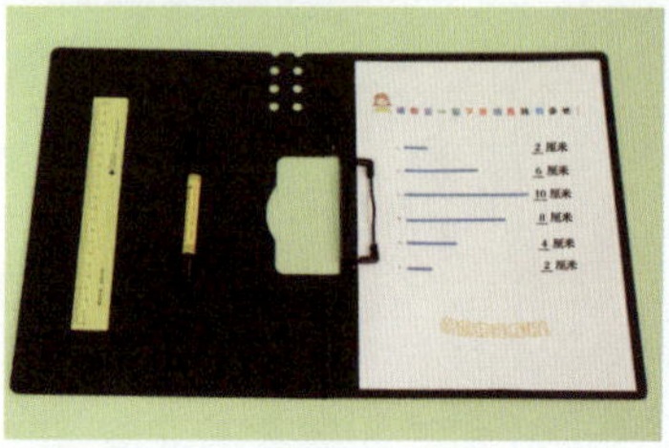

续表

名称	目标	教具展示	
数草莓	按数取物	开始	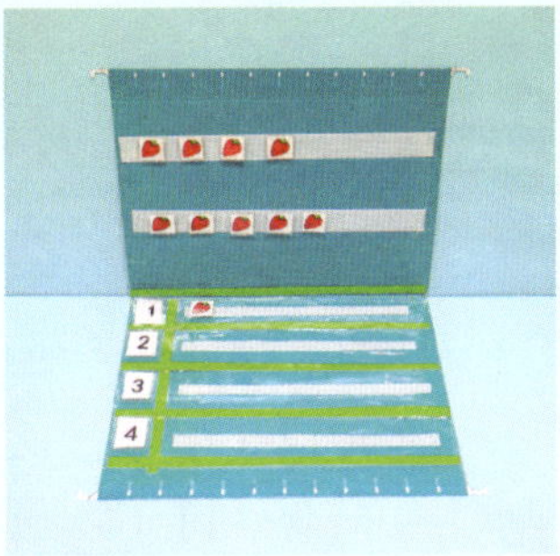
		完成	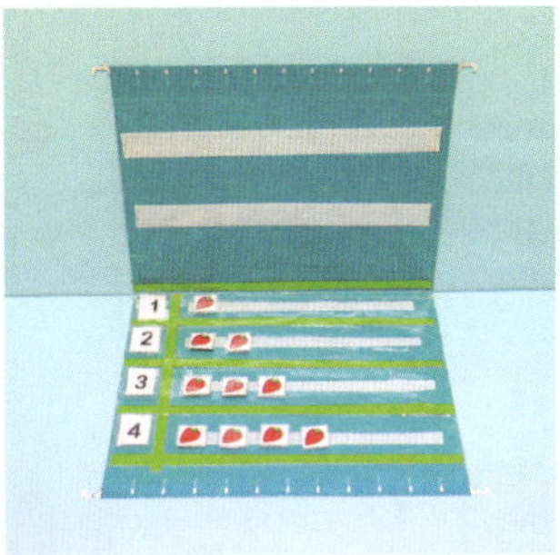

4. 语言理解能力发展范畴结构化教具（如表4–4）

表 4–4　语言理解能力发展教具

名称	目标	教具展示	
认识常见物品	理解名词	开始	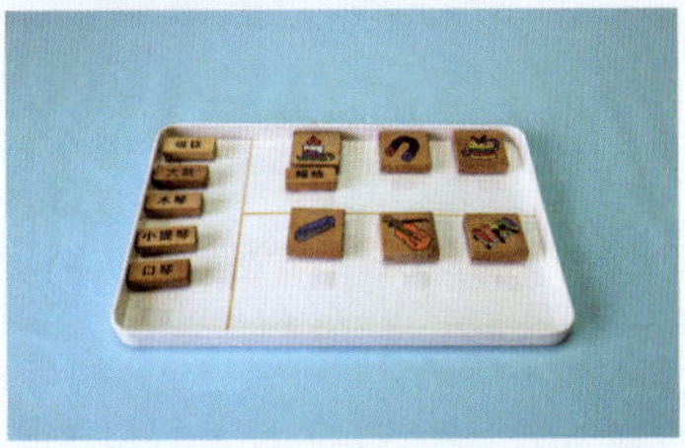
		完成	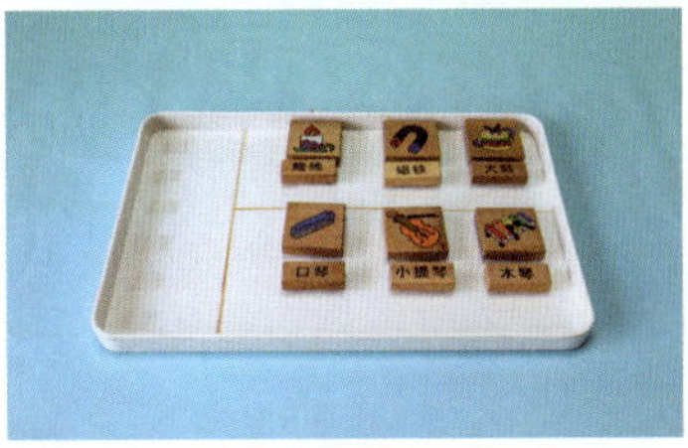

续表

名称	目标	教具展示	
认识动物	理解常见动物名词	开始	
		完成	
词汇理解	理解方位词	开始	
		完成	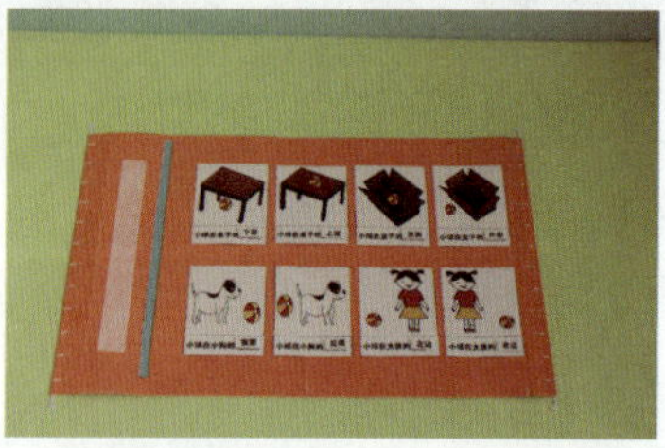
句子理解	理解常用句子	开始	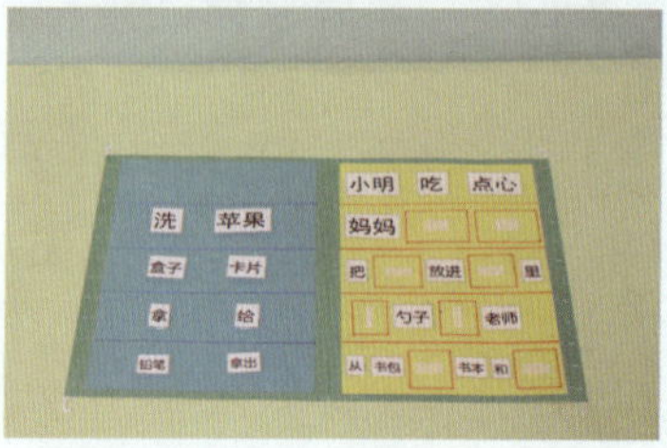

续表

<table>
<tr><th>名称</th><th>目标</th><th colspan="2">教具展示</th></tr>
<tr><td>句子理解</td><td>理解常用句子</td><td>完成</td><td>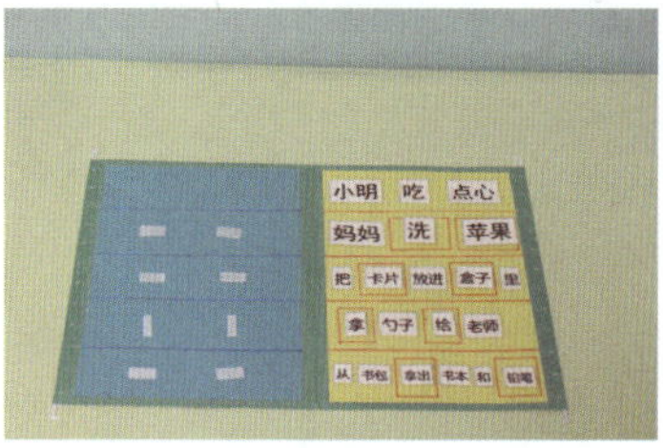</td></tr>
<tr><td rowspan="2">她在做什么</td><td rowspan="2">理解人物动作</td><td>开始</td><td>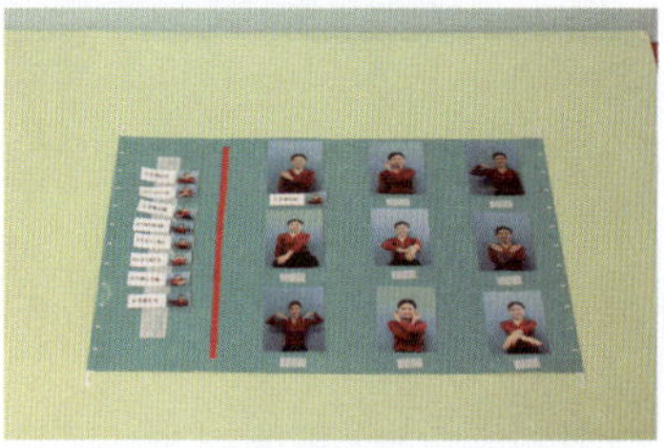</td></tr>
<tr><td>完成</td><td>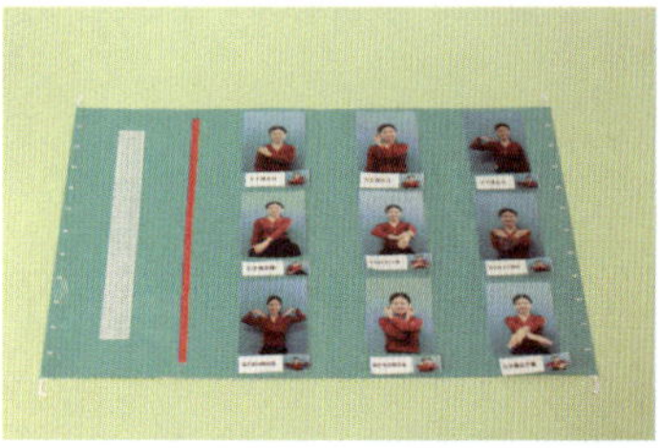</td></tr>
<tr><td rowspan="2">兔子的故事</td><td rowspan="2">理解故事内容</td><td>开始</td><td>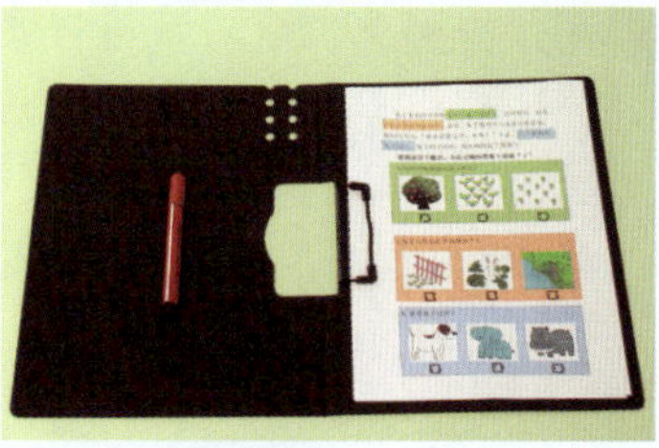</td></tr>
<tr><td>完成</td><td>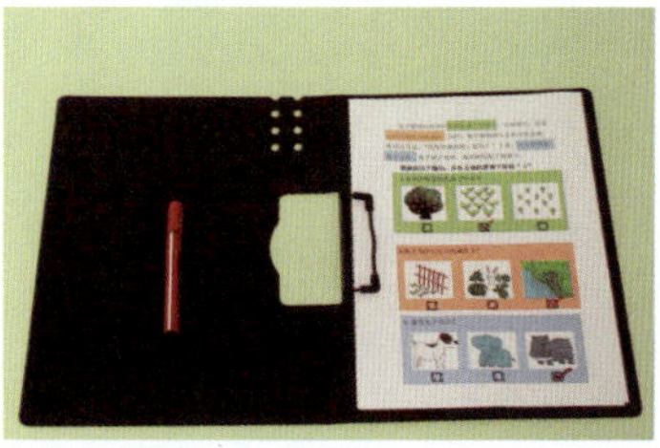</td></tr>
</table>

5. 情绪与社交能力发展范畴结构化教具（如表4-5）

表 4-5　情绪与社交能力发展教具

名称	目标	教具展示	
懂礼貌的好孩子	理解不同社交场合的社交礼仪	开始	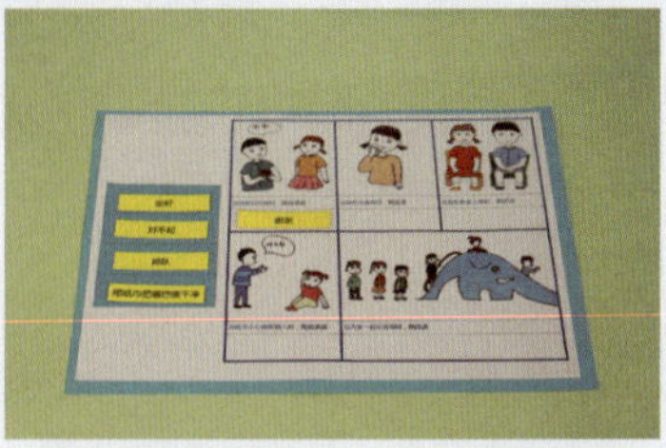
		完成	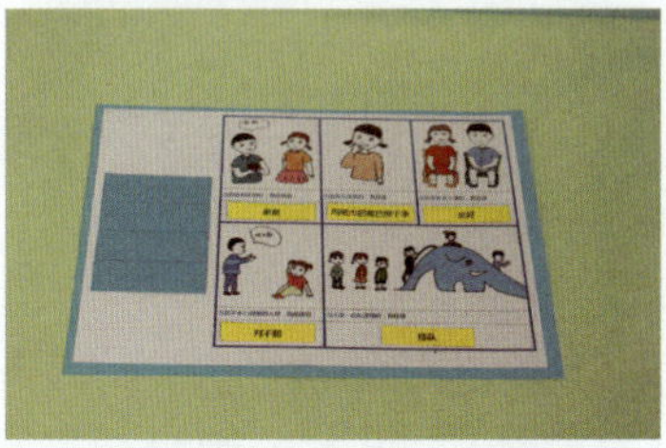
小朋友为什么要上学	理解社交故事内容	开始	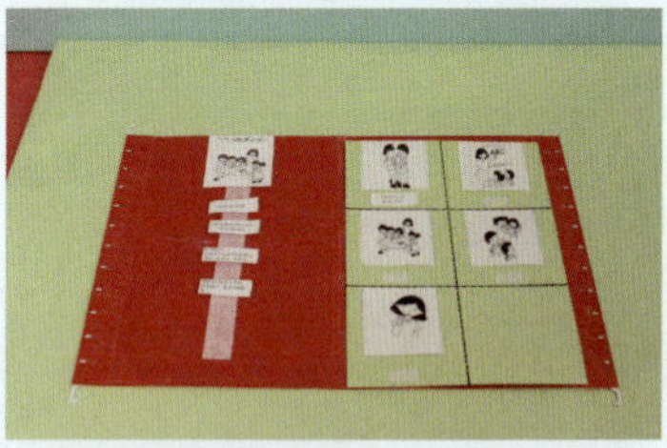
		完成	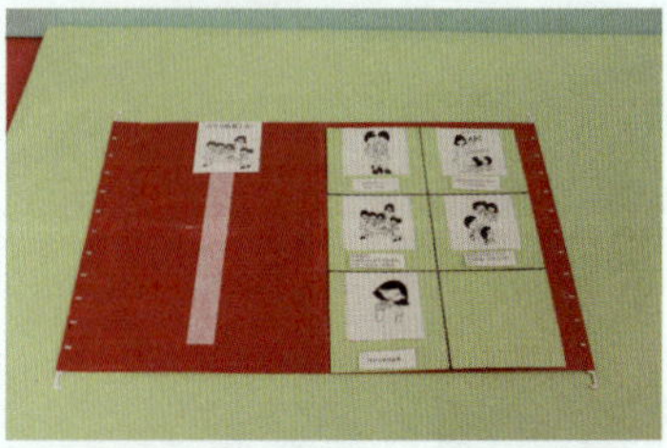
他的表情	理解表情与相关情景的关系	开始	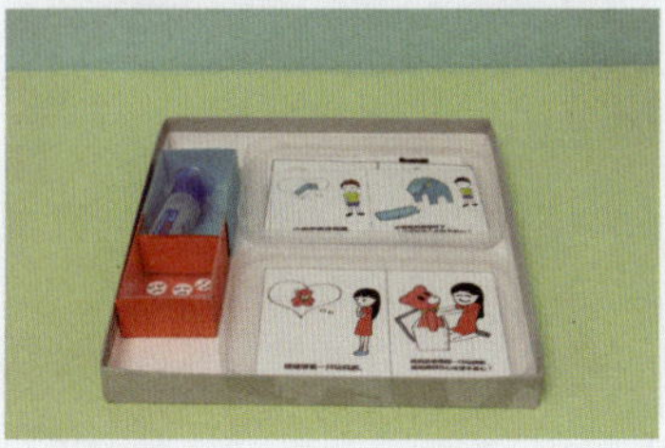

续表

名称	目标	教具展示	
他的表情	理解表情与相关情景的关系	完成	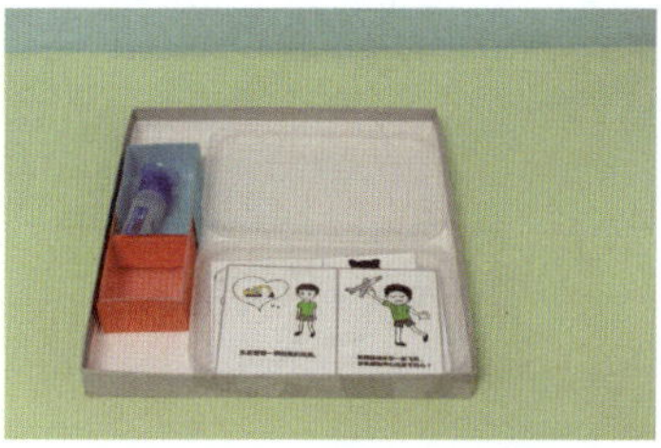
情绪天气	认识自己的面部表情	开始	
		完成	
他们怎么了？	理解情绪行为 回应情绪行为	开始	
		完成	

续表

名称	目标	教具展示	
我的心情	情绪策略应对	开始	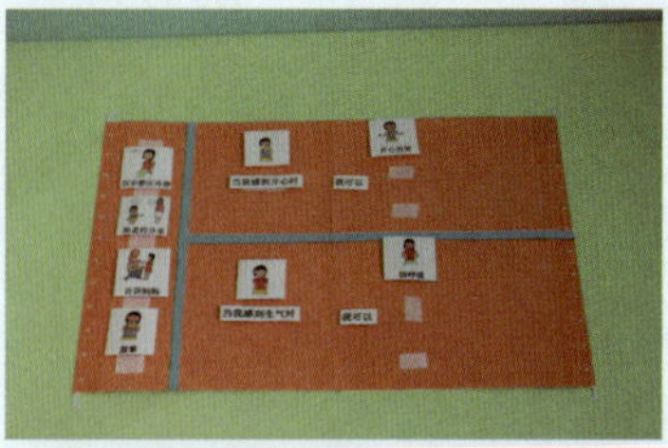
		完成	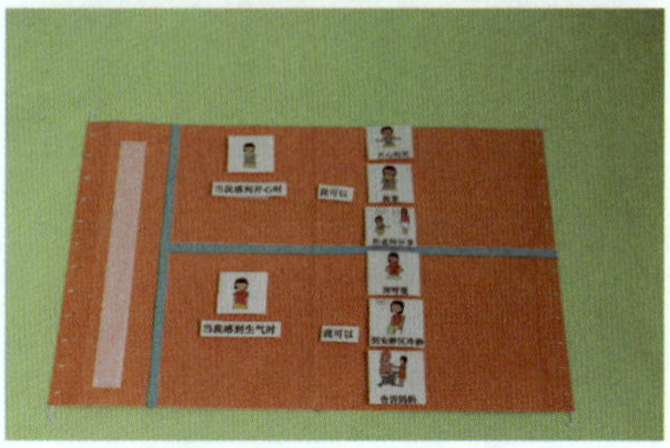

附录

视觉教学策略的质量把控

一、PDCA 管理模式

在运用视觉教学策略教导孤独症儿童过程中，教导者专业技能操作的一致性运用是视觉教学策略的专业性操作开展及产生效果的保证。使用 PDCA 管理模式可以帮助康复机构在康复服务流程中进行视觉教学策略的设置与管理，PDCA 管理模式包含四个步骤，即计划（PLAN）、实施（DO）、检测（CHECK）、再行动（ACT）。流程如图 1。

图 1　PDCA 管理模式

将 PDCA 管理模式运用到视觉教学策略康复流程设置，可以形成视觉教学策略指导下的管理模式，参考李丹主编的《孤独症康复教育机构管理人员培训教材》一书中介绍的“自闭症机构管理模式中的四个基本环节”，即确认标准、培训员工、评估检测和反馈强化。

1. 确认标准。根据机构宗旨，设定视觉教学策略的期待目标，通过康复区域的视觉环境设置，把结构化教学法作为视觉教学策略开展的基本技术，引导孩子在一日流程中开展康复活动，明确规定对康复教师及家长的要求和期望。与 P 对应。

2. 培训员工。为帮助康复教师及家长实现与完成孩子通过视觉教学策略开展一日流程活动的目的，明确与教学有关的流程指标，提供视觉教学策略的方法、技术等各方面的教育和训练。与 D 对应。

3. 评估检测。设置视觉教学策略开展标准，根据标准对康复教师及家长的操作及结果进行定期检查，此环节与保证视觉教学策略的有效开展及效果有密切的联系。与 C 对应。值得指出的是，在用视觉教学策略引导孩子开展活动的过程中，此环节能有效避免出现走“任务式”的流程情况。

4. 反馈强化。根据评估检测环节，以及视觉教学策略开展标准的数据和其他信息，与康复教师及家长进行有关的沟通与帮助。与 A 对应。

二、评估检测环节对视觉教学策略开展的质量控制

结合视觉教学策略在康复区域的开展，在确认标准（P）、为康复教师及家长提供必要的培训（D）基础上，重视在评估检测环节（C），采取相应的措施（A），保证质量。

我们在开展视觉教学策略的过程中，重点从反馈系统（即评估检测环节）开展质量控制，避免走“形式化”的流程，具体的做法是：把视觉教学策略应用到实践中作为教师的目标行为，以 SMART 原则为指导，结合视觉教学策略在康复活动区域的开展，对教室设置提出要求和标准，把一线教师在应用视觉教学策略的实践过程中的表现通过矩阵的形式展开，以此达到实践应用的一致性，保证实施的质量。

1. 制定视觉教学策略实践应用中的教师操作表现矩阵

矩阵是由横坐标和纵坐标组成的方阵，横坐标是教师操作表现的具体目标，纵坐标是对每一个具体目标的评分。教师运用视觉教学策略实践操作表现矩阵中的各个项目标准制定如下：

1.1　专业表现（共 10 分）

（1）是否在康复环境中运用视觉教学策略的方法引导孩子（2 分）

（2）是否运用所开展课程区域中的视觉环境布置（2 分）

（3）是否站在恰当的辅助引导位置（2 分）

（4）是否体现好的态度（从语音、语调和感情角度考察）（2 分）

（5）是否有体罚孩子的行为（2 分）

1.2　视觉教学策略元素体现（共 10 分）

（1）教案中体现视觉教学策略元素（5 分）

（2）视觉教学策略元素设置体现 PEO 三要素（5分）

1.3 月计划实施（共10分）

（1）制订月计划目标（4分）

（2）根据月计划目标制订周计划目标（3分）

（3）在不同环节执行月计划目标（3分）

1.4 引导规范（共10分）

（1）根据孩子的能力水平引导“程序时间表”的运作（3分）

（2）引导过程中遵循常规策略（3分）

（3）引导过程中使用恰当的语言、辅助方式（4分）

1.5 个人工作系统（共10分）

（1）内容符合孩子的活动需要（3分）

（2）选择的教具与目标一致（3分）

（3）活动内容为孩子熟悉、可以独立操作的内容（4分）

1.6 调节与变化（共10分）

（1）孩子活动有变化时，能调节及更换标识卡（5分）

（2）根据更换后的标识卡进行调节引导（5分）

1.7 辅助（共10分）

（1）必要时给予合适的辅助（5分）

（2）根据孩子的进步逐渐撤销辅助的步骤（5分）

1.8 数据记录（共10分）

（1）按规范和要求完成记录（5分）

（2）数据记录准确无误（5分）

1.9 反馈（共10分）

（1）完成反馈文书的撰写（3分）

（2）按时与家长反馈目标完成情况（3分）

（3）反馈有效，家长反馈率达80%以上（4分）

表1　孤独症康复机构教师视觉教学策略操作表现矩阵

教师姓名：________　　评估者姓名：________

一	二	三	四	五	六	七	八	九	备注
专业表现	视觉策略元素体现	月计划实施	引导规范	个人工作系统	调节与变化	辅助	数据记录	反馈	
10	10	10	10	10	10	10	10	10	
9	9	9	9	9	9	9	9	9	
8	8	8	8	8	8	8	8	8	
7	7	7	7	7	7	7	7	7	
6	6	6	6	6	6	6	6	6	
5	5	5	5	5	5	5	5	5	
4	4	4	4	4	4	4	4	4	
3	3	3	3	3	3	3	3	3	
2	2	2	2	2	2	2	2	2	
1	1	1	1	1	1	1	1	1	
0	0	0	0	0	0	0	0	0	
									项目得分
10	10	10	15	10	10	10	15	10	加权
									总分：

2. 通过视觉教学策略操作表现矩阵进行评估

制定了一致性的标准后，运用矩阵对每一位进行视觉教学策略实践的教师进行操作表现评估，形成行为与数据形式。通过矩阵的呈现，能让教师清楚看到自己在哪些方面做得好，在哪些方面有待改进，以便调整自己的操作表现，保证视觉教学策略运用的规范性。经过系统培训，教师充分理解视觉教学策略操作方法、操作目标、矩阵及每一个目标的操作表现标准后，运用矩阵持续性地对教师视觉教学策略实践操作表现进行检测，一般是每月一次，表现总分与教师月工作质量和绩效奖励挂钩，通过每月督导或科长反馈强化环节，既保证质量又能激励教师的积极性。

以陆老师在“视觉教学策略在业务工作中的操作表现检测评估”为例，评估者林科长在9月最后一周对陆老师进行检测评估，结果如表2：

表2　孤独症康复机构教师视觉教学策略操作表现矩阵

教师姓名：陆老师　　　　评估者姓名：林科长

一	二	三	四	五	六	七	八	九	备注
专业表现	视觉策略元素体现	月计划实施	引导规范	个人工作系统	调节与变化	辅助	数据记录	反馈	
10	10	10	10	10	10	10	10	10	
9	9	9	9	9	9	9	9	9	
8	8	8	8	8	8	8	8	8	
7	7	7	7	7	7	7	7	7	
6	6	6	6	6	6	6	6	6	
5	5	5	5	5	5	5	5	5	
4	4	4	4	4	4	4	4	4	
3	3	3	3	3	3	3	3	3	
2	2	2	2	2	2	2	2	2	
1	1	1	1	1	1	1	1	1	
0	0	0	0	0	0	0	0	0	
10	10	10	10	5	5	5	10	10	项目得分
10	10	10	15	10	10	10	15	10	加权
100	100	100	150	50	50	50	150	100	总分：850

根据表2可知陆老师9月份加权后的总分是850分，将850分除以期待教师综合表现的理想得分1000分，得到陆老师的相对表现为：850÷1000×100%=85%，结果显示陆老师的表现达到科室设置的标准，即80%以上。因此，林科长可以从考核结果知道陆老师在“视觉教学策略实践操作”业务方面表现是达标的，虽然未达到期待表现100%，但是可以在9月的月表现反馈强化环节，反馈陆老师9月表现优秀的同时，指出陆老师在“个人工作系统”“调节与变化”“辅助”这三个目标方面需要改进，鼓励陆老师将10月份的重点放在这三个目标上，提高操作表现。

本附录的内容主要是参考李丹主编的《孤独症康复教育机构管理人员培训教材》一书中介绍的评估检测环节在自闭症康复机构高质量服务的经验。在开展视觉教学策略实践的过程中，给教师设定目标与标准，使用矩阵对教师进行评估检测，反映教师的操作表现或结果，然后进行反馈，再指导实践。通过这个做法，可以避免走“任务式”的操作流程，帮助教师明白“不足在哪里”“给谁做”“做什么”“怎么做”“效果怎么样”这几个方面的问题，有效提高教师的操作表现，保证开展视觉教学策略的质量。

参考文献

1. 静进 . 孤独症谱系障碍神经心理机制［J］. 中国实用儿科杂志，2017，32（4）：279–282.

2. 吴曼曼，胡晓毅，刘艳虹 . 国外孤独症儿童教学环境创设的研究现状及启示［J］. 现代特殊教育，2017（12）：56–63.

3. 李斐，颜崇淮，沈晓明 . 早期精细动作技能发育促进脑认知发展的研究进展［J］. 中华医学杂志，2005，85（30）：2157–2159.

4. 张文京 . 特殊儿童个别化教学设计与实施［M］. 重庆：重庆出版社，2008.

5. 李芳，李丹 . 特殊儿童应用行为分析［M］. 北京：北京大学出版社，2011.

6. 黄伟合，贺荟中 . 功能性行为评估与干预：如何应对特殊需要学生的行为问题［M］. 北京：华夏出版社，2013.

7. 曹漱芹，方俊明 . 脑神经联结异常：自闭症认知神经科学研究新进展［J］. 中国特殊教育，2007（5）：43–50.

8. 徐小亲 . 结构化教学在单元主题教学中的合理使用：孤独症学生的教学实例［J］. 中国特殊教育，2005（3）：68–72.

9. 黄伟合 . 儿童自闭症及其他发展性障碍的行为干预：家长和专业人员的指导手册［M］. 上海：华东师范大学出版社，2003.

10. 黄钰菁，凤华 . 学龄前自闭症儿童相互注意协调能力学习成效初探之研究［J］. 特殊教育研究学刊，2007，32（1），121–141.

11. 中国精神残疾人及亲友协会，郭德华 . 中国孤独症家庭需求蓝皮书

［M］. 北京：华夏出版社，2014.

12. Marl L Sundberg. VB-MAPP 语言行为里程碑评估及安置程序［M］. 黄伟合，李丹，译. 北京：北京大学医学出版社，2014.

13. 李丹. 孤独症康复教育机构管理人员培训教材［M］. 北京：求真出版社，2015.

致 谢

本书从规划、设计、编写、配图、编辑、校对、排版到印刷出版得到了许多来自领导、良师、益友、孤独症儿童、家长以及康复团队的同事们的支持与帮助。

本书的创作灵感来自每天与我们相处的孤独症儿童。我们在和可爱的小朋友相处的过程中，遇到了很多困惑；在给他们开展康复教学活动的过程中，也经历了很多迷茫。但也正是这些困惑和迷茫推动着我们前进。而本书所阐述的视觉教学策略，正是我们在与孤独症儿童相处的过程中，总结和探索出来的一套能有效促进与孤独症儿童沟通，帮助孤独症儿童理解环境、适应环境的方法。

本书编写工作的启动得到了广西壮族自治区残疾人联合会与广西壮族自治区残疾人康复研究中心的鼎力支持。在广西残疾人联合会副理事长许健强和广西残疾人联合会康复部主任李冠霆的指导下，广西残疾人康复研究中心领导班子进行了深入讨论，并第一时间成立了教材编委会，落实了本书的编写工作。

在本书的创作与编写过程中，广西壮族自治区残疾人康复研究中心主任陈国治给予了多方面的指导，并对本书的创作与编写提出了很多宝贵的意见和建议，为本书引领了方向、增添了色彩。

秋天的果实离不开春天的播种与夏天的培育。而为本书埋下编写种子的，是广西残疾人康复研究中心副主任秦荣飞。多年来，在开展康复实践的过程中，秦荣飞副主任一直鼓励我们积累宝贵的经验，形成课程体系。在创作的这一年多里，秦荣飞副主任不定期地组织康复团队进行阶段性研讨。在秦荣飞副主任的鼓励与督促下，本书在历时一年多以后得以完美结稿。

再好的康复经验和技术，如果无人知晓，便不能发挥其最大价值。而促进本书顺利出版的，是广西残疾人康复研究中心副主任蒋锦生。从本书初具雏形开始，蒋主任便开始为本书的出版忙前忙后，不遗余力地推进各项工作。

本书的编写还得到了来自世界范围内的单位及孤独症儿童康复专家的支持与指点。

首先，感谢爱佑慈善基金会的信任与支持，有幸邀请到北卡罗来纳大学医学院结构化中心的 Nicole Ginn 博士和北卡罗来纳大学教堂山分校的 Kaia Mates 女士给我们做结构化教学法的指导，为我们解开了很多在实践中运用视觉策略的迷惑。

其次，感谢爱佑慈善基金会邀请美国行为教育创势公司（CBEM）副总裁黄伟合博士和武汉麟洁儿童心理康复中心的李丹主任连续三年到广西残疾人康复研究中心给我们进行“自闭症康复机构的管理”的现场指导，给我们带来了宝贵的参考经验。

感谢全体编委和团队的积极合作，互相配合，齐心协力完成本书中的插图、视觉策略环境的构建、结构化展示教具的制作。特别感谢本书的插图作者，书中一百多张的插图均为原创，作者为此付出了非常多的精力和心血。

最后，要感谢广西教育出版社的支持，感谢编辑钱艺琴女士的耐心与认真。

终于完成了一本基于结构化教学法理论基础，运用视觉教学策略开展孤独症儿童康复教学的实用参考书。愿本书能够分享给更多的孤独症儿童康复工作者和家长，让孤独症儿童及其家庭受益。

主编　黄　勤

2019 年 9 月